JN082065

いい教師の条件

いい先生、ダメな先生はここが違う

諸富祥彦

SB新書
521

はじめに

今、教師がピンチです！

どの先生も、毎日のあまりの忙しさ、仕事量の多さに、精神的にも肉体的にも追いつめられています。

それればかりではありません。

世間から見た「教師」「学校の先生」という仕事の「職業としての輝き」が失われ、たとえば大学生などの若者から見ても魅力のない仕事に成り下がってしまいつつあるのです。**労働マーケットにおける教師という仕事の価値が下落しつつある**、といっていいかもしれません。


私は千葉県内の中学や高校で、20年あまりスクールカウンセラーをしています。また、1993年に千葉大学教育学部に就職して以来、30年近くにわたって多くの小中高の現場の先生方と親密な関係を築き、一緒に多くの仕事をしてきました。

関係を深めていく中で、私は次のような思いを強くしました。

「教師はすごい!! 特に教師集団が一体となって動き始めたときのパワーは並大抵のものではない!　スクールカウンセラーひとりの活動など、とてもかなわない」

そうであるならば、スクールカウンセラーとして直接子どもを支援するだけでなく、教師集団をサポートすることで、間接的に子どもを支援するほうがいいのではないか――そのような思いを抱くようになりました。

1999年からは「悩める教師を支える会」を主宰し、「現場の先生方の悩み」を多くお聴きしてきました。「教師集団の援軍」「教師の作戦参謀」、私のライフワークのひとつになっています。

そしてこのように数十年にわたって日本の学校教育の現場に寄り添ってきたひとりとして、私は今、強い危機感を抱いています。「このままでは優秀な人材が、ますます学校現場から遠ざかってしまう」と――。

後に見るように、今「学校の先生が足りない」という危機的状況が現場で起きつつあります。今不足しているのは、いわゆる正規の教員でなく、非常勤の教員、臨時採用の「講師の先生」ですが、いずれ正規の教員も足りなくなるのではないかという懸念が生じています。というのも、「学校の先生になりたい」という若者が大学の教育学部でも減りつつあるからです。

今、**「教師になどならないほうがいいのではないか」「学校の教師になるのは損なのではないか」**という風潮が強くなってきているのです。それはなぜでしょうか。それは「学校というのは、ブラックな職場である」「教師という仕事のブラック化が常態化している」という認識が世間一般で共有され始めてしまったからです。

そして残念なことに、その認識は決して誤解ではありません。

ある中学校の校長先生が、ある国立大学の教育学部に進学した自身のお子さんについて、こんなことを語っていました。

その校長先生のお子さんは教育学部を卒業したにもかかわらず、悩んだ末に教職以外の一般企業に就職したそうです。校長先生はこのことを嘆くどころか、むしろ安堵したというのです。

「本当によかったですよ。ホッとしました。今どき学校の教師ほど大変で、苦労が報われない仕事はありません。そんな仕事に自分の子どもが就くなんて本当に心配でしたから。

教師という仕事は魅力がないですよ。少なくとも、ほかの仕事のほうがはるかに待遇はいいし、仕事量も少ない。

今、現場にいる先生たちの中で、生まれ変わっても、もう一度教師になりたいという人は、おそらく半分もいないのではないでしょうか」

そうおっしゃるのです。教師に求められる力量の水準は、20~30年前と比べるとはるかに高くなっています。かつて学校では、放課後に教師が子どもたちと遊び、悩みを聞き、ふれあう機会がもてました。

ところが、今の学校現場ではなかなかそんな余裕をもてないのです。あまりに多くの課題が山積し、教師には膨大な仕事量がのしかかり、あっぷあっぷしている状態です。

これはまずい。相当にまずい事態です。この「このままではまずい」という危機感を、学校現場に携わる多くの人が共有しています。

このままでは若者たちの「教師離れ」がますます進んでいき、優秀な人材を学校の教師として確保することが困難になります。すると、**日本の「学校」という極めて優秀な、この国の財産そのものが失われてしまう**ことにもなりかねません。教育の質の低下は、当然国民の質そのものの低下に直結します。したがって、それはいずれ「日本人そのものの劣化」という危機的事態を招かざるをえなくなります。

国民の質の劣化を招くような危機的な事態が生じているにもかかわらず、国として、あるいは地方自治体としても、抜本的な改善策を講じることができないままでいます。そのことを現場にいる先生たちは十分にわかっています。

では、どうすればいいのか。「このままではまずい」という危機感の根本にあるものは何か。

それを考えるのが、この本の目的のひとつでもあります。

この本を手に取ってくださっている方の中には、現場の先生方だけでなく、お子さんが学校に通っている保護者の方もいらっしゃるでしょう。

中には、「職員室にはいつも遅い時間まで明かりがついていて、先生ってよく働くな」「先生の仕事って教科を教える以外にもいろいろあって大変そうだ」「なんとか力になりたい」と感じている保護者の方もいるかもしれません。

しかし、**「何がそんなに大変なのか？」「なぜ長時間労働になるのか？」**という教師の仕事の内情まではよくわかっていないかもしれません。

ぜひこの本で、今の教師のリアルな現状を知り、「保護者としてどのように学校や教師とかかわっていけばいいのか」「先生が元気で意欲的であることが、ひいては子どものためになる。そのために保護者としてどうすればいいのか」という点にも思いをはせてもらえたらと思います。


教師という職業は、決して楽な仕事ではありません。圧倒的な仕事量の多さ、職員室での難しい同僚との人間関係、要望が強くなりがちな保護者との関係など、悩みのタネはいくらでもあります。

また、子どもの人生に大きな影響を与えうる責任の重い仕事であり、かつ長時間労働であるにもかかわらず、残業代も休日勤務手当も支給されません（月額給料の100分の4に当たる「教職調整額」の支給のみ）。また仕事の成果も――それは「子どもの成長」でしょう――目に見えてすぐに表れるものではありません。

営業職ならば営業成績で、ものを作る仕事であればできあがったものによって、仕事の成果をすぐに感じ取ることができるでしょう。

しかし、子どもの成長というのは、数週間後、数カ月後にすぐに目に見える形で表れることは少なく、何年という月日を経てようやく表れることが多いものです。

にもかかわらず、多くの先生方は「子どものため」と思えば、労をいといません。仕事に仕事を積み上げて、無理を重ねています。

この本を手に取ってくださった教師の方の中には、がんばっているのに報われず、「なぜ、私はこんなにもつらいのに教師を続けているのだろう」と悩んでいる先生もいるかもしれません。

私も教師はたしかに「報われない仕事」だと思います。

しかし、それ以上に「**教師ほど魂を打ち込める仕事はない**」とも思っています。ほかの仕事では決して得られない、やりがいや達成感、大きな喜びを感じることのできる仕事です。

教師とクラスの子どもたちとが一体となって素晴らしい授業をつくり上げることができたときの喜び、運動会で披露したダンスが成功したとき、合唱コンクールで生まれる一体感、「大人は信じられない」と自暴自棄な行動に走っていた子どもに粘り強くかかわり続けた末に変化が見え始めた瞬間……。

子どもたちとともに成長を喜び合えるのは、教師という仕事の醍醐味です。

この本では教師の大変さだけでなく、**教師という仕事の素晴らしさ**も伝えていきたいと思います。

もしも、この本を読んでいる先生が、今はつらいと感じていても、**どうか教師を辞めないでください。**

本書では、先生方の悩みやつらさを払拭するための解決策をいくつも提示していきます。

同時に、保護者の読者の方には、教師（教師集団）を勇気づけ、支え、バックアップしつつ、学校の先生方と協力するために、具体的にどうすればいいか、その方法をアドバイスします。

保護者や地域の方たちの支えがあって初めて、教師は、本来もっている力を最大限に発揮できるようになります。また、そうなって初めて、子どもたちの成長を後押しできる存在になるのです。

●保護者や地域が教師を支え、勇気づけるような良い関係づくりにつながること
●教師同士のより良い関係づくりに役立つこと
●一人ひとりの教師が自分の能力と持ち味を十分に発揮して、生き生きと働き、充実した教師人生をまっとうできること

本書が少しでもその役に立つことができるならば、これ以上の喜びはありません。

第1章 教師の何が大変なのか？……19

第3章 追いつめられる子どもたち
——いじめと不登校に立ち向かうには

第4章 保護者と学校のより良い関係

第5章 「できる教師」に必要な6つの資質

第1章

教師の
何が大変なのか?

現役教師の親が、わが子が教師になることに反対する時代

私は、これまで大学で教員を目指す学生を教えたり、全国各地で教員対象の研修会や講演会で講師を務めたりしてきました。教員養成や教師の研修に多くの時間とエネルギーを使ってきました。

1999年には「教師を支える会」を発足し、多くの先生方の悩みの相談にのってきました。校内研修の講師として、年に数十校の学校を訪問し、それぞれの学校が抱えている問題のコンサルテーション（作戦参謀としての助言）を行っていた時期もあります。

そのように多くの先生方と接する中で、強く実感していることがあります。

「今の先生の仕事は、本当に本当に大変だ」。

「はじめに」で、ある中学校の校長先生が、教育学部に進んだ自身のお子さんについて「教職の道を選ばなくて本当によかった」と語るエピソードをご紹介しました。

かつては、自分の子どもに「学校の先生になる」と言われて、反対する親はまずいなかったでしょう。教師はその地域で「最も安定して信頼される仕事」の代表格だったからで

す。

公立の学校の先生であれば、経済的にも安定する公務員です。教師は地域の人からリスペクトされる仕事の代表でした。地元の国立大学の教育学部を出て、学校の先生になるのがエリートコースという地域もあるでしょう。教師は世間的にも評価が高かったのです。

ところが今や、教育学部の学生や教員養成課程を受けている学生と話をすると、**「親から、学校の先生はあなたが思っているより大変な仕事よ、やめておきなさい、と言われています」「教師になるのが夢だったけど、周りの人にも反対されるし、やめておこうかと思い始めました」**と言う学生が少なくありません。

なぜ、世間から見て「教師という仕事」の価値が低下しているのでしょうか。なぜ、若者たちから「魅力のない仕事」として敬遠されつつあるのでしょうか。

世間では、学校は「ブラックな職場」とみなされていますが、実際のところどういう点が過酷なのでしょうか?

ひとつには、よく知られているように、先生の長時間労働が挙げられます。

日本の学校の先生は世界一忙しい

「日本の先生、遠い働き方改革」（２０１９年６月19日朝日新聞）
「世界一長い日本の小中教員の勤務時間」（２０１９年６月20日読売新聞）

これは、小中学校の教師の労働時間を報じた新聞記事の見出しです。

２０１９年にＯＥＣＤ（経済協力開発機構）が世界48の国と地域の中学校、世界15の国と地域の小学校を対象に、１週間当たりの教員の勤務時間を調査しました。その結果、日本の教師の労働時間は小学校54・４時間、中学校56時間で、ともに参加国・地域の中で最長であるという結果が出ました。

また、文部科学省の調査では、**「過労死ライン」に当たる週60時間以上勤務の教員が、公立小学校で3割、中学で6割にのぼる**という調査結果もあります。

私はスクールカウンセラーとして千葉県の中学・高校で勤務してきましたが、夜８時、９時に職員室を覗くと、まだ多くの先生が残っています。中にはほぼ毎日夜10時くらいまで職員室に残っている先生もいます。

私は「教職員等中央研修」（独立行政法人教職員支援機構が主催）という全国から優秀な

先生方が集まる研修会でも講師を務めさせていただいています。そこで全国から集まった先生方に「だいたい1日何時間、学校にいることが多いですか?」とたずねてみたところ、一番多いのは「13時間」という答えでした。通勤時間に往復1時間かかるとしたら1日のうち14時間がつぶれてしまいます。

これでは、仕事と睡眠、食事以外の時間はほぼありません。お子さんがいる先生などは、自分の子どもとふれあう時間が限られてしまいます。もし両親ともに教員で、このような勤務状況であれば、その子どもは夜ひとりで留守番することになります。教師の子どもが児童虐待、ネグレクト（育児放棄）されているという笑えない話になりかねません。

ワークライフバランスという考えは、学校教員の間では通用しないのです。教員を目指していた学生が、教員になったOBやOGの話を聞いて、「そこまで仕事が中心の生活はしたくない」「自分は教師にはなれない」という思いを抱くのも、無理からぬことかもしれません。

ひとりの人間が担うには無理のある仕事量

では、なぜ学校の先生は長時間労働をすることになるのでしょう。それには「圧倒的な仕事量の多さ」がかかわっています。

ここではざっと学校の先生が担っている仕事を挙げてみましょう。

● 教科を教えること、授業準備
● ○○教育への対応：小学校の英語教育、プログラミング教育、ICT（情報通信技術）教育、ユニバーサル教育、防犯・防災教育など
● 道徳の教科化
● 主体的で対話的な授業の推進
● 発達の問題を抱えた子どもへの個別支援教育
● 不登校の子どもたち一人ひとりへの丁寧なケア
● いじめ問題への丁寧な対応（一方的に叱責し威嚇する指導ではなく、一人ひとりの心に寄り添ったカウンセリング的な対応）
● 給食時に食物アレルギーをもつ児童への対応
● 校内清掃の指導
● 運動会・文化祭などの運営・準備・保護者対応
● 登校・下校時の見守り

●放課後のクラブや部活指導
●保護者・地域からの要望・苦情などへの対応
●国や教育委員会からの調査やアンケートへの対応
●AED（自動体外式除細動器）講習を受けて使いこなす
●学校の防犯（不審者・学校侵入への対応）、防災
●新型コロナウイルス感染症対策による校内の消毒
●いく度にもわたる行事の計画の練り直し
……など。

いかがでしょうか？　ひとりの人間が抱える仕事量として無理があると思いませんか。

「学校の防犯」について、ひとつ余談を紹介しましょう。私の子どもが小学生だった頃、PTA役員の所用があって小学校にうかがったときの話です。私が急ぎ足で校庭を突っ切り校舎に向かっていったところ、玄関で刺股を持つ先生と遭遇したことがあります。先生は職員室から、ダーク色の服装を着て校庭の真ん中をずんずんと歩く大柄な男（私のことです）を見て、「これは不審者だ」と思い、あわてて待ち構えていたというわけです（笑）。

しかし、**一般の企業で刺股を持って防犯に当たる社員などいるでしょうか？**

先生の本業は、学習指導と生徒指導によって、子どもの成長をうながすことですが、学校のさまざまな雑事を担う「なんでも屋」になってしまっているのが現状です。

学校現場は「毎日が運動会状態」

教師の1日は超ハードです。朝早くに出勤して勤務終了までほとんど休みはありません（小中学校の先生は教室で子どもたちと給食を食べ、昼休みもありません）。

小学校の場合、2020年度から新しい学習指導要領が実施され、**高学年の週当たりの授業のコマ数は29時間**となりました。

これでは、週5日ほぼ毎日6時間授業が続き、空いているコマはわずか1時間だけという計算になります（5日×6時間－1時間＝29時間）。**高学年の先生は、1日ほとんど授業に出ずっぱり**という状態です（図工や音楽、英語など専任の先生がいる場合を除く）。

ちなみに小学校の先生の授業担当のコマ数は、調査（「公立小学校・中学校等　教員勤務実態調査研究」２０１７年度）によると26コマ以上が47・４％です。26コマだと毎日が5時間以上の授業となります。

小学校の6時間目が終わるのは、だいたい午後4時前後です。ホームルームをして4時

業務に関連したストレスや悩みの内容（教職員調査）

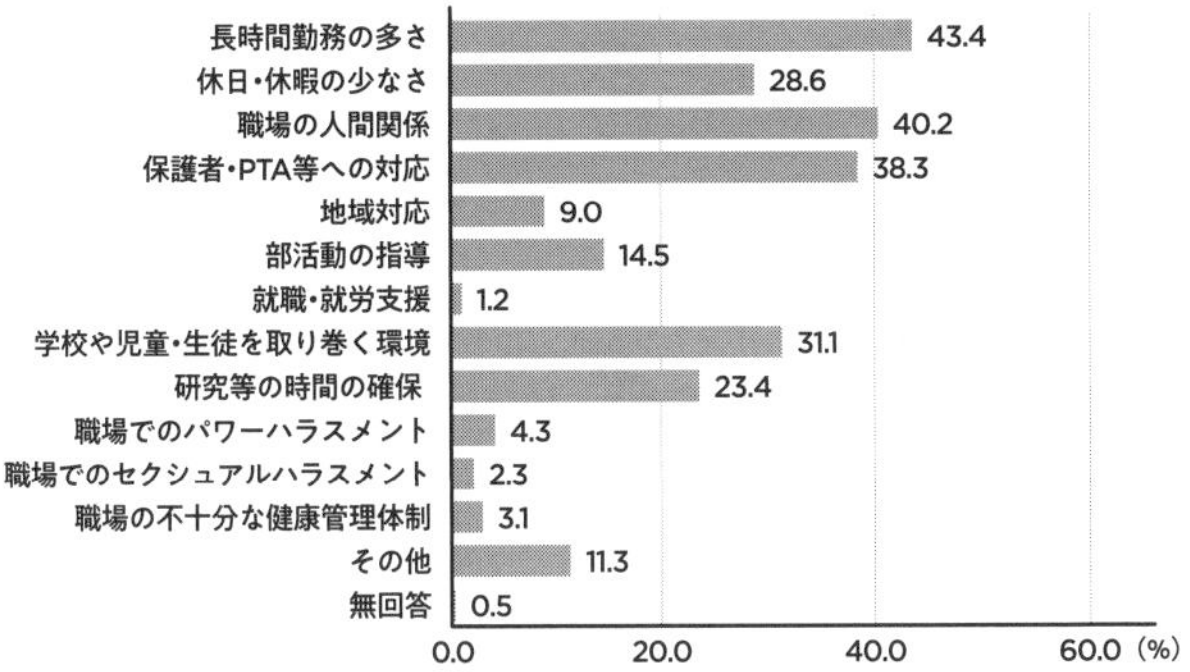

※厚生労働省・文部科学省「平成29年度過労死等に関する実態把握のための労働・社会面の調査研究事業」
※複数回答のため、内訳の合計が 100％を超える

過ぎに児童を下校させ、それから授業準備や会議、事務仕事などをこなしているのです。

少し前までは、毎日夜10時までは職員室で仕事をしている先生方がザラにいました。今はさすがに少し減っていますが、それは教師の仕事量が減ったためではありません。家に持ち帰りする仕事が増えただけです。家でもずっと仕事をしているのです。

その上で5時間ほど眠ったら翌朝早くに学校に行き、日々、子どもと向き合い、保護者と向き合い、同僚と向き合っています。

私は公立中学校でスクールカウンセラーを20年以上していたのですが、学校現場にいると「毎日が運動会状態」だなと感じます。正直、こんなに気が休まらない仕事はほかにな

いかもしれません。

教師のストレスの原因は、実に多様な仕事をこまめにこなさなくてはならない、人間相手の仕事である、「感情労働」であるといった、「仕事の質」にかかわる点も少なくありません（「仕事の質」がストレスの原因になっていると回答した人の割合も、教師が41・3％、一般企業の社員より30・4％と、教師のほうが10％以上多いという調査もあります）。

しかし、教師のストレス要因は、なんといっても圧倒的な「仕事の量」によるところが大きいのです。

うつ病の自覚症状は一般企業の2・5倍

教師にはまじめな頑張り屋さんが多いです。

もともと教師を志す人の性格の特徴として、まじめで責任感が強く、完璧主義な人が多いです。人柄も良く、心根のやさしい、他人に気遣いできる人が多いのです。

しかし、これらの特徴はうつになりやすい人の性格の特徴と一致します。

まじめで責任感が強いので、「仕事がつらくても放り出してはいけない」「もっと努力して頑張らないといけない」「自分が休んだら周りに迷惑がかかる」などと、自分を追い込ん

教員の精神疾患による病気休職者数の推移

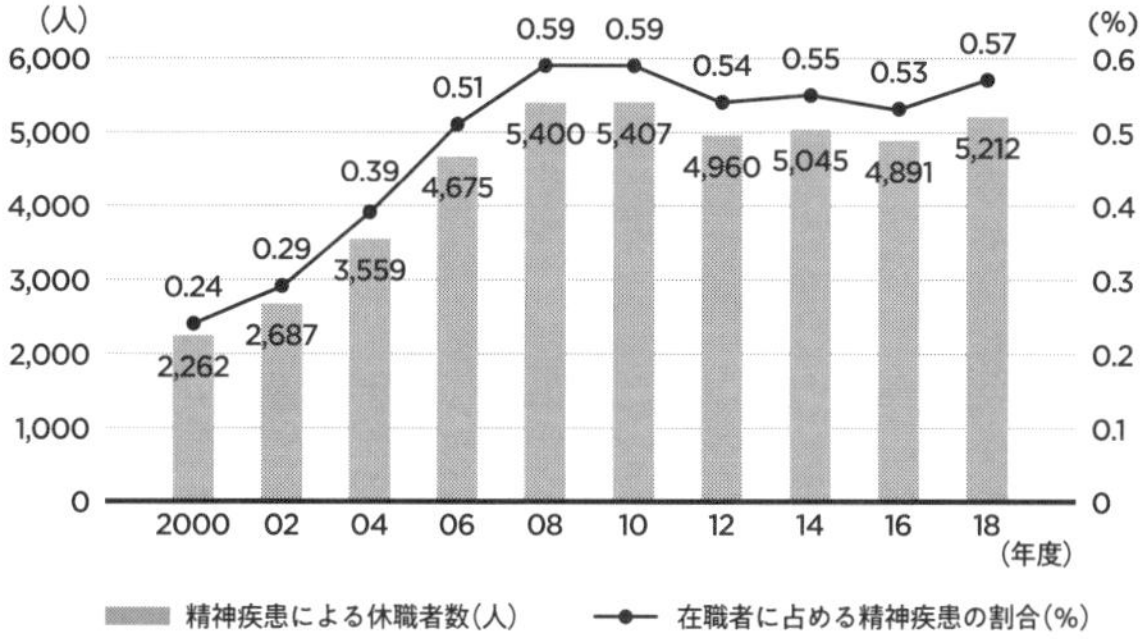

※文部科学省「平成30年度公立学校教職員の人事行政状況調査」
「平成19年度　教育職員に係る懲戒処分等の状況について」

でしまいがちなのです。

文部科学省が発表する「精神疾患による病気休職者の推移（教育職員）」によりますと、２００７年度（平成19年度）以降は５０００人ラインで推移し、２０１８年度は５２１２人（全職員92万34人の０・57％）がメンタル面の不調で休職しています。

１９９９年（平成11年）の精神疾患による休職者は全体の０・２％でしたが、その後10年ほどで約３倍に増え、ここ10年ほどは高止まり状態が続いています。

注意してほしいのは、調査結果に表れているのは、**「メンタル面の不調で休職にまで追い込まれてしまった人のみの数字」**だということです。なんらかの精神的な不調を感じながらも、なんとか歯を食いしばって日々の勤務を続けている先生は、これよりはるかに多いのです。

「気持ちがしずんで憂うつ」「気がめいる」「身体がだるい、疲れる」など、**うつ病と関係が深い自覚症状を訴える教員は一般企業の2・5倍**に及ぶという調査結果もあります。

「感情労働者」の教師はバーンアウトしやすい

教師を目指す人は、そもそもまじめで責任感が強く、うつになりやすい性格の人が多いというお話をしました。

さらにいえば、**教師という仕事じたいがうつになりやすい職業**です。子どもを中心に、保護者、同僚や管理職といった人間が相手で、しかも努力の成果がすぐに目に見えるものではありません(子どもの成長はすぐに見える形では表れにくいのです。「10年後」「20年後」というロングスパンで見て初めて確かめられる類のものです)。

人間関係で自分の感情をすり減らす仕事(例:看護師、介護福祉士、保育士など)を「**感情労働**」と言いますが、教師も「感情労働者」のひとりです。感情をすり減らしながら、日々の仕事をしているのです。

また、相手のためによかれと思って一生懸命尽力したにもかかわらず、期待した反応が得られなかったり、逆に、エスカレートした要求やクレームを突きつけられたりすることも珍しくはありません。

つまり、仕事の達成感はなかなか得られず、期待した結果も得られずに不満や疲労がたまりやすい仕事です。あるとき突然大きな脱力感を覚えて、あたかも「燃え尽きたように」意欲を失ってしまうことが多いのです。バーンアウト状態に陥ってしまうのです。

「なんでも屋」の教頭・副校長の仕事量は過労死ライン超え

全国公立学校教頭会が２０１８年5月に公表した調査結果によると、教頭・副校長の忙しさは、過労死ラインを超えていることが明らかになりました。

勤務時間は1日12時間以上、月２４０時間以上もあり、過半数の人が年次休暇の取得は1日以上5日未満、休憩はなんと、1日に1、2分程度しかなかった（！）というのです。

なお文科省が２０１６年度に行った教員勤務実態調査でも、教頭らの勤務時間は週当たり63時間30分を超えていました。これは10年前の前回調査と比べると小学校で4時間以上、中学校で2時間以上の増加です。

過労死ラインは、月の残業80時間（月20日出勤とすると1日4時間以上の残業、12時間労働）とされていますから、1日に12時間以上も働く**教頭・副校長は「過労死ライン」を超える働き方が常態化**していることがわかります。

副校長・教頭の仕事は、実に多岐にわたります。教育委員会をはじめさまざまなところから滝のように流れ込んでくる膨大な回答依頼・調査依頼の書類をさばき、PTA・地域・関係諸団体との連携や折衝、休んだ教員のフォロー、さまざまなクレーム対応……休みの日でもPTAや地域行事に参加するなど、とにかく多岐にわたっています。「地域に開かれた学校」になることで、仕事が一気に増えたのが副校長・教頭です。20年前に比べて、副校長・教頭のさばく仕事の量はざっと2倍以上にはなっていると思います。

さらには、急に休むことになった先生の代わりを見つけられずに**「今年は○○副校長が○年×組の担任をやります」**というケースもあります。

教員じたいが「なんでも屋」ですが、それを上回る究極の「なんでも屋」が教頭・副校長なのです。

兵庫県豊岡市が2019年5月に、市内の小中学校の教員にキャリアをたずねるアンケートを実施したところ、教頭などの管理職に「なりたくない」と回答した人の割合は86％

にのぼったそうです。

東京都では副校長への昇任試験が、小学校では2006年度から、中学校では2007年度から合格倍率が1倍台に突入しました。特に小学校は2008年度年以降ずっと1・1倍という低倍率が続いています。もはや昇任試験としての競争性は薄れ、実際になり手不足は深刻化しているのです。

神戸市教育委員会は、2020年度から校長や教頭への昇任試験をすべて廃止し、面談などで登用する方針を決めました。

また、自ら降格を希望する人たちも少なくありません。2019年度は、全国で107人（職種別割合0・29％）の教頭・副校長が一般教員に降任しました。

しかし、誰もが「昇進したくない」「管理職にはなりたくない」と思う職場が、果たして「健全な職場」と言えるでしょうか。私は言えないと思います。身近な管理職である教頭が「将来こうありたい」「あの人のように活躍したい」と目標にするロールモデルでありえないのだとしたら、若手の教師も希望をもてないでしょう。

しかも、今、30代後半から40代の教師は圧倒的に少なく（その下の20代の若手は多い）、30代後半から40代の教師はほぼ「全員が管理職」にならないと、学校運営が回らないと予測されています。そんな中、今後も教頭のなり手がいないと、学校そのものの質が低下しかねません。

一般教員の負担を減らすことも大事ですが、まず教頭の負担を減らしていくことが急務です。

「講師が足りない！」という悲鳴、千葉市の「講師登録」チラシ

先生の負担が増す背景には、教育現場の人手不足があります。

私が講演や研修で全国を行脚していて、いろいろな自治体の教育委員会から頻繁に聞く話があります。それは「**講師が足りない！**」という声です。

「講師」とは、非正規雇用の教員のことです。教員採用試験の合格を目指している人もいれば、出産・育児休暇を経て教員を辞めている人、教員免許はもっていても本採用試験は受けるつもりのない人などもいます。

講師になるためには、教育委員会などに登録をする必要があります。そして要請があった学校に派遣されるのです（基本は1年雇用）。

講師が集まらないために、先生方が「出産などで育児休暇を取ろうとしてもなかなか取

ることができない」とか「管理職から女性の教員が『子どもが生まれたら困る』と言われた」といった笑えない事態が起きているのです。

そんな中2019年9月、千葉市内の公立学校で保護者向けに配られたあるチラシがSNSで話題になりました。「千葉市講師登録のご案内」というタイトルで、教員免許の所有者を対象に、小中学校や特別支援学校の常勤または非常勤講師などを募集するものです。業務は「担任」「少人数指導」「学習補助」など。年齢制限はありません。

このチラシは、受け取った保護者がツイッターに投稿したために広く拡散されました。チラシを見て、**「学校がパート先になるのか!?」**と驚いた人もいるかもしれません。

正規教員以上に足りない「講師」の数

文部科学省の学校基本調査によれば、公立小中学校の講師（専任の教職員以外の「兼務者」）の数は3万6704人（2016年度）、3万8753人（17年度）、4万2841人（18年度）、4万5115人（19年度）と年々増加しています。

講師の数は増加しているのに「講師が足りない」ということは、需要に対して供給が追い付いていないということです。

文部科学省が18年8月に発表した、11の地方自治体を対象とした聞き取り調査によると、教員不足の要因として最も多く「よく当てはまる」と回答があったのは、「講師登録名簿登載希望者数の減少」でした。

J-CASTニュースの取材によると、千葉市教育委員会教育職員課の担当者は次のように答えています。

「講師の登録が少ないということも含め、『教員免許を更新していないから無理かな』『60を過ぎているから無理なんだろうな』と思っている方がいたりするので、そうした方々の掘り起こしが狙いです」と配布の経緯を話す。

さらに、同ニュースでは次のように報じています。

チラシはあくまで地域住民向けで、「保護者を通じて広がればと思い配布しました」。

講師登録の募集は数十年前から行っていたが、近年では十分な数が集まらず、大学、公民館、ハローワークでのポスターを通じた案内など周知を強化している。民間の派遣会社に相談したこともあったが、「講師の希望者はいない」と言われたという。

（J-CASTニュース　2019年9月25日）

しかし、考えてみればいかがでしょう。講師といえども大きな負担があります。10年20年ものブランクがある人にいきなり担任を任せられるものでしょうか――そんな疑問がわきますが、忙しすぎる教育現場ではともかく人手が欲しくて、もうなりふりかまっていられないのです。

「臨時免許」交付という奥の手

2015年には福岡県教育委員会が、教員不足を補うための措置として大学4年生2人に「臨時免許」を出したという報道がありました。この2人は非常勤講師として公立中学で数学と技術を教えたそうです。

ほかにも、音楽大学を出て幼稚園教諭免許をもつ女性に、自治体が「臨時免許」を出し、小学校の音楽講師として雇用した例もあります。

「臨時免許」とは、普通免許をもつ人を採用できない場合に限り、都道府県教育委員会の判断で交付できるものです（有効期間は3年）。人材不足を「講師」が補い、さらには「臨時免許」を出して補うことで、正規教員の不足をカバーしているのです。

若者は空気に敏感です。教師を取り巻く否定的な空気に敏感に反応し、教員採用試験の受験者は減少しています。正規教員が本格的に不足する日もそう遠い未来ではないかもしれません。

教員試験、受ければほとんどの人が合格の県も

就職氷河期、公務員人気が高かった２０００年度は、小学校教員が12・5倍、中学校教員が17・9倍の高倍率でした。

それが２０１９年度採用の教員試験では、公立小学校の競争率が過去最低の２・８倍に。受験者は前年度から約３５００人減の約4万８０００人に落ち込みました。小学校の倍率２・８倍は、過去最低だった91年度と並ぶ倍率です。

一方、中学校は受験者が約4万９０００人で、前年度から約５０００人減り、倍率は過去最低の４・２倍に迫る５・７倍になりました。

特に低い倍率の地域は、小学校の倍率が新潟（1・2倍）と福岡（1・3倍）。**受験者10人中8、9人が採用された計算**です。中学校では、新潟（２・４倍）、山形（３・１倍）、茨

公立小学校の教員採用試験の受験者数推移

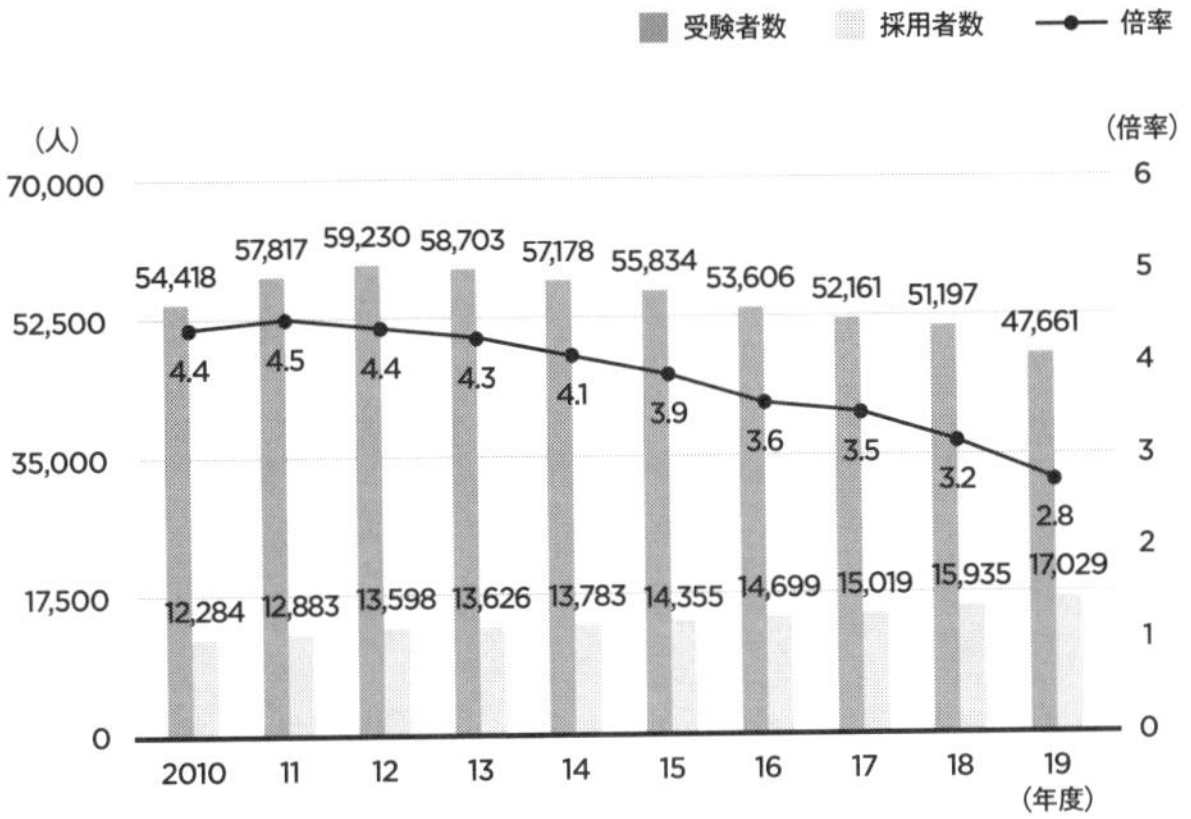

公立中学校の教員採用試験の受験者数推移

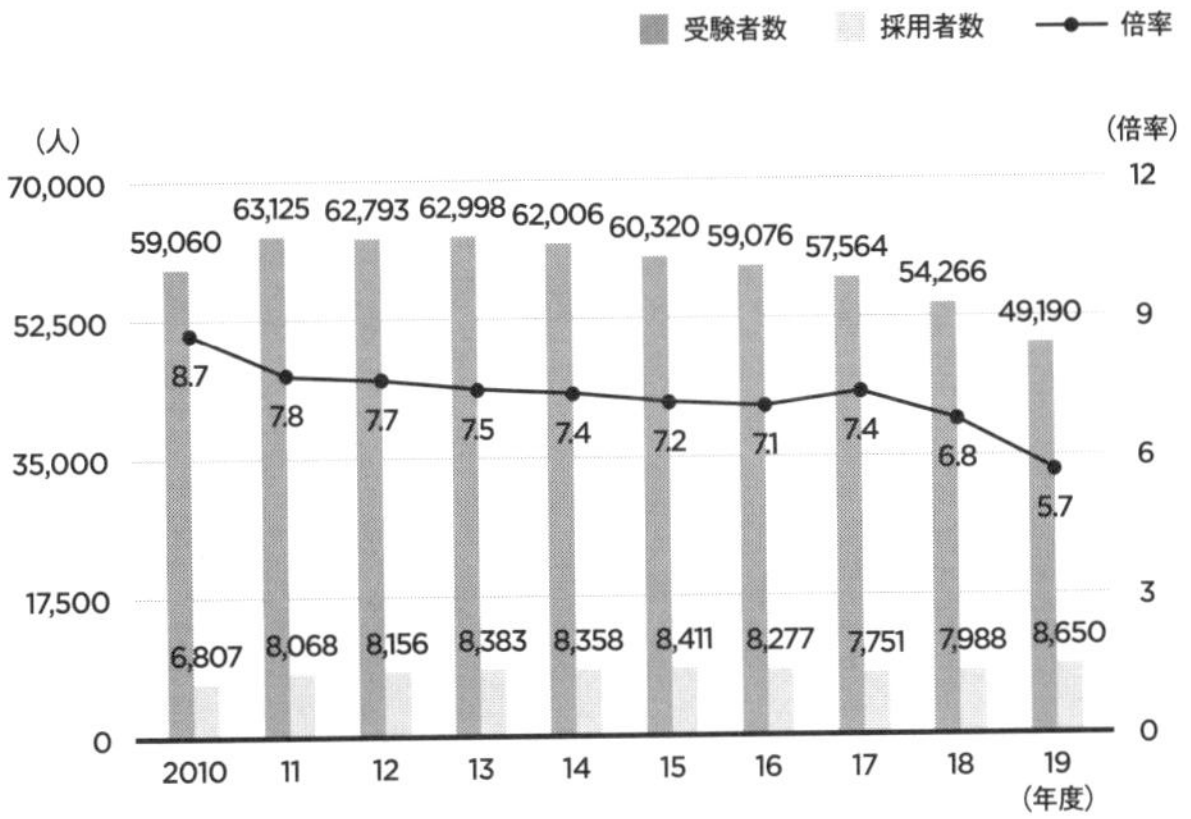

※文部科学省 平成22～令和元年度「公立学校教員採用選考試験の実施状況について 」

城（同）の3県が特に低い状況です。

教員採用がままならない中、なんとか人材を確保するために、実技試験をなくすという「奥の手」に出た教育委員会もあります。

小学校の採用倍率が最も低かった**新潟県**、そして**茨城県**では体育（水泳など）と音楽（ピアノ歌唱など）の実技試験を廃止しました。その分、個人面談や模擬授業の試験時間を増やすそうですが、試験のハードルを低く受けやすくするための方策でしょう。

また、中学校の採用倍率が過去最低だった茨城県は、44歳までだった受験可能年齢を59歳に引き上げました（小中学校とも）。

しかし、採用試験を受けやすくするのは小手先の手段です。教員の労働環境を根本的に変えて、若い人たちに「教師になりたい！」と思わせるような「魅力的な職場」に生まれ変わることができなければ、この先も教員不足は続いていくことでしょう。

「ブラックな職場」としての学校を改善する3つの策

「ブラックな職場」というイメージを払拭して、労働環境を改善するための策を3つ提案します。

1つ目は、**ひとり当たりの仕事総量を減らす**こと。そのためには、**正規の教員を増やす**ことです。

一人ひとりの教師が任される仕事量は、ふくらみまくっています。それが限界を超えていることを学校現場も教育行政も、誰もが知りながら、財源がないために、何の手も打てずにいます。この問題への抜本的な対応策はただひとつ、正規の教員を増やすことです。

今どれだけの仕事をひとつの学校で抱えているのか、そしてその仕事の総量を1日8時間という勤務時間内でこなすためにはそれぞれの学校に何人の教員が必要なのかを割り出す。そうして正規の教員にあてがっていく。そうしたごく当たり前の措置をとることです。

まず、教師を増やすための「財源」を確保することが不可欠です。

夏休みの勤務時間を減らしてその分忙しい月の勤務時間にあてる（変形労働時間制）、水曜日だけは全員17時には退勤するようにする、といった「小手先の働き方改革」では、焼け石に水でしょう。

給料のわずか4％で「定額働かせホーダイ」

教師という仕事がブラックである2つ目の理由は、仕事の量と困難さに見合うだけの十分な報酬が確保されていないことです。

地方公務員の給料が下がり続けているのに伴って、教師の給料もずっと減り続けています。この数十年のスパンで見るならば、退職金などは下手すると1000万円近く減っているのです。かつて、教師は「安定した仕事」の代表格でした。教師になれば安定した収入を確保できるというのが、世間一般のイメージだったのです。

実際のところはどうでしょう？

公立学校の教員の場合、総務省が発表する「2019年地方公務員給与実態調査結果の概要」によると、小中学校の教師の月の平均給料（諸手当を含む）は41万4820円です。一方、民間企業は、国税庁が発表する「民間給与実態統計調査」によると、36万7250円（平均年収440万7000円を12カ月で割った金額）。

たしかに教員のほうが高収入です。ただし、単純に比較することはできません。なぜなら教員には残業手当がつきません。一律4％の「教職調整手当」が給与額に上乗せされるだけです。平均給料41万円には、この「教職調整手当」が含まれています。つまり、教師は給料のわずか4％で「定額働かせホーダイ」という状況なのです。

報酬面での問題として、校長や副校長、主幹教諭などの管理職になっても、十分な報酬が与えられないという現実があります。管理職手当は、東京都の場合、校長で10万4500円、副校長で8万7000円ですが、その責任の重さ、心理的プレッシャーなどに見合う額ではありません。実際「管理職になると教師の余命は9カ月縮む」と言われているほどストレスは大きいのです。

そのために、東京都などでは副校長などの管理職を志望する者がほとんどいないという状況になっています。

毎年夏頃になると、全国至るところの教育委員会で「来年度は副校長が○人足りない」という話題が出始めます。

実は「教師の最大の悩み」は同僚・管理職との人間関係

教師という仕事がブラックである3つ目には――この本で最も焦点を当てたい点として――**職場における人間関係の難しさ**があります。

2019年、神戸市須磨区の公立小学校で起きた教員間いじめ・暴行事件は社会全体に強烈な印象を残しました。教師が同僚教師を羽交い絞めにして、激辛カレーを無理やり食べさせる動画は、テレビでもセンセーショナルに取り上げられ、大きな社会問題に発展しました。

一部では「あれはごくまれな特別なケース」と言われているようですが、決してそんなことはありません。

私の周囲にいる小中学校の教員たちは、神戸の事件について、異口同音にこんなことを語っていました。

「あれは確かにやりすぎだけど……程度の差こそあれ、ああいうことはあるよね」

職員室内でのいじめがすべての学校であるとは言いませんが、少なからずの学校で存在しています。

ある学校では、4月の年度初めに、管理職がこうあいさつしたというのです。

「みなさんも知っているように、この学校では教員間のいじめが横行しています。今年も楽しくいじめ合いましょう！」

管理職はジョークとして言ったつもりでしょうが、職員室の中は凍りつきました。「決して笑えない」状態だったのです。

私はカウンセラーとして、多くの現場の先生方の悩みをうかがい続けてきました。先生たちの最大の悩みは、次の2つです。

それは**「同僚との人間関係」「管理職との人間関係」**です。

ある教師はこう言います。

「教師の敵は教師だ」

また、別の教師はこう言います。

「教師にとって、多くの管理職は、怨念と諦念の対象なんです」

つまり、多くの先生たちは校長や副校長などの管理職に対して、うらみがましい気持ちか、あるいはあきらめの気持ちしか抱いていないというのです。実際に、私が先生方の悩み相談を受ける中で、校長に対する恨みつらみが出てくるケースは8割にものぼります。

先生同士の「人間関係」の悩みについては、第2章で詳しくお話しします。

9割の先生はまじめで熱心

仕事量の膨大さ、人材の不足、同僚や管理職との人間関係の難しさなど、教師の置かれている現状は、実に過酷です。

今や「学校じたいが崩壊寸前」と言えるかもしれません。学校を船にたとえれば、仕事量が規定量を超えて、**過積載で沈みかけている状態**です。

しかし、もう何年も「ブラック化する学校」と言われ続けながらも、学校が沈まないでいられるのではなぜでしょうか。

私は、今の学校をなんとか機能させているのは、**ひとり一人の教師の使命感と熱意**にほかならないと考えています。

何千人もの教師たちと向かい合ってきた私の実感として言えるのは、「**9割はまじめで熱心な先生**」だということです。教師という仕事の使命感にあふれ、責任感があり、善良な人がほとんどです。

教師の多くは、子どもの成長を喜び、その人生にいい影響を与えられるように尽力して日々を送っています。「子どものためなら」と労をいとわない人たちなのです。

教師は「断れない人」の集まり

頼まれると「ノー」と言えない先生方も、とても多いです。学校の教師はもともと学校文化が好きだった方です。学校が好きだったから教師になったのです。

学校文化のベースにあるのは、「教師が生徒に期待し、生徒はその期待に応える」という文化です。「子どもの頃から大人の期待に上手に応えることができてきた人」が学校の教師になっていることが多いのです。

「相手の期待を裏切ってはいけない」「頼まれた仕事を断るのは無責任だ」という価値観をもつ先生方が少なくないのはそのためです。

逆に言えば、その労をいとわないひとり一人の教師のまじめさと責任感、根性が、積載量オーバーの学校をなんとか支え続けてきたといってもいいかもしれません。

自身も、あっぷあっぷしながら……。

教師の半分がもつ「辞めたい」気持ち

「いつ教師を辞めてしまおうか」と思っている先生は、言葉にしないだけで意外と多いものです。講演会で手を挙げてもらうとわかります。

自治体の教育委員会に呼ばれて講演するとこんな感じです。

①「一度も辞めたい」と思ったことのない方、手を挙げてください——手を挙げる先生は3割ぐらい

②「前は辞めたいと思っていたが今は思っていない先生方、手を挙げてください」——手を挙げる先生は5割ぐらい。無難な答えです（笑）

③「今でもときどき辞めたいと思っている方〜？」——とたずねると、**手を挙げる先生は2割ぐらい**

しかし、同じ質問を民間主催の学校教員対象の研修で投げかけると、**①は1割、②は4割、そして③の「今でもときどき辞めたい」と思っている教師は5割**になります。民間主催のほうが、より自主的に参加されている先生が多いですし、実態に近いように感じます。教育委員会主催の研修では、指導主事の方がうしろから見ているからです。

「ときどき辞めたい」という思いに襲われる教師は、実際には半分くらいいるようです。

先生を追いつめる「四重苦」

では、何が先生を辞めたい気持ちに駆り立てるのでしょうか。私は、その背景にある問題は次の4つだと思います。

①多忙化・ブラック化
②学級経営、子どもへの対応の困難さ
③保護者対応の難しさ

④同僚や管理職との人間関係の難しさ

それぞれの問題について簡単に解説していきましょう。

①多忙化・ブラック化については、先ほど詳しく述べました。その背景には、過労死ラインの長時間労働、ひとりの人間がこなすには無理のある仕事量、「定額働かせホーダイ」の待遇などがあります。

②学級経営、子どもへの対応の困難さ

近年、発達の偏りがある子ども、傷つきやすい子ども、かんしゃくを起こしやすい子どもが増えています。

文部科学省が2012年に発表した調査結果によると、全国の公立小中学校の通常学級に在籍する児童生徒のうち、発達障害の可能性があるとされた小中学生は6・5%です。この数字は、小中学校の教師の判断によるものです。つまり、30人学級に約2人はいるという計算になります。

子どもたちみなに一律に同じ指導は通用しなくなっているのです。

この点は、第3章で詳しくお話しします。

③保護者対応の難しさ

これは、②の「学級経営、子どもへの対応の困難さ」と分かちがたいところがあります。発達に偏りのある子ども、傷つきやすい子どもは、教師の叱責に敏感です。家に帰った子どもが「今日、先生から、今度授業中に飛び出したら連絡帳でお母さんに知らせるって言われた。あの先生、怖い」と保護者に伝えたとします。すると、「連絡帳に書くなどと、子どもを脅すだなんて！　うちの子、すごく怖がっています。学校に行けなくなったら、どうしてくれるんですかぁ!!」と保護者からのクレームにつながるのです。

傷つきやすい子どもの背景には、傷つきやすい親が存在しています。その傷つきやすさが、激しい攻撃性を伴うクレームへ転化して、教師を追いつめていくことが度々あります。

この点は、第4章で詳しくお話しします。

④同僚や管理職との人間関係の難しさ

「教師の悩み」の最大のものは職場の人間関係であると、先ほど言いました。

あらゆる職場がそうであるように、**働き心地や仕事のモチベーションを左右する大きな要因は、人間関係**です。たとえ、多忙であったり、子どもや保護者との関係に悩みがあったりしても、職場のサポートさえあれば、多くの先生方は乗り切ることができるのです。

この点については次の第2章で詳しく解説していきます。

「教師の四重苦」は相互に関係している

教師を追いつめるこれら「四重苦」は、どれか単独ではたらくことは少なく、4つが相互に関係し合っています。

たとえば、教室から走って飛び出してしまうような対応の難しい子どもがいるとします。先生がその子を追いかけている間、大人のいない教室は大騒ぎになります。これでは学級経営がうまくいきません（**②学級経営、子どもへの対応の困難さ**）。

そこで、子どもの保護者に困った状況を伝えるための連絡をします。先生は保護者にも状況を知らせたほうがいいと思い、連絡帳や電話で伝えるのです。すると、保護者からは「先生、うちの子に連絡帳に書いてお母さんに知らせるから、って言って脅しましたよね！うちの子、すごくおびえています。学校に行かなくなったらどうしてくれるんですかぁ

!!」と思わぬクレームを受けてしまいます（**③保護者対応の難しさ**）。

子どもや保護者への対応に困り果てた先生は、管理職に相談をします。すると「それはあなたのやり方がまずかったですね。もっとよく考えて行動しないと」「もうベテランなのに。もう少ししっかりできないんですか！」などと親身になって聞いてもらえません。場合によっては、「あなた、教師失格ですよ!!」などと、ののしられることすらあります。

同僚に相談したくても、勤務校には同世代の（例：30代半ばの）教員がおらず相談相手はいません（**④同僚や管理職との人間関係の難しさ**）。

ほかの保護者からも、毎日夜まで電話が入ったり、連絡帳に書いたささいなことでクレームを受けたりし続けます。1日2～3時間の残業では間に合わずに、結局仕事を家に持ち帰ることになります。仕事のデータをUSBメモリに入れて持ち帰れないので、職員室に22時過ぎまでいるはめになることもあります。（**①多忙化・ブラック化**）。

ここで紹介した例はあくまでモデルケースですが、今、教師が直面している現状の大枠をとらえていると思います。

先生方にどれほど精神的にも肉体的にも強い負荷がかかっているか、その現状、「今、教師がピンチである」という現状を少しおわかりいただけたでしょうか？

第2章

学校空間の悩ましい「人間関係」
——神戸市東須磨小の教員間いじめ・暴行事件をもとに考える

「人間関係力」こそ、教師に最も必要な資質・能力

教師は、大変にストレスの高い仕事をしています。

1章では、「四重苦」（①多忙化・ブラック化　②学級経営、子どもへの対応の困難さ　③保護者対応の難しさ　④同僚や管理職との人間関係の難しさ）によって、精神的・肉体的にも負荷をかけられている先生方のお話をしてきました。

追い詰められメンタルヘルスを崩されていく先生方のお話をうかがっているうちに、私は「教師は本当に大変な仕事だ」という思いを強めていきました。同時に、今の教師に何が求められているのか、この時代に教師として生きていくためには、どんな力が必要なのかが見えてきました。それは、今の教師に求められている「資質・能力」（コンピテンシー）と言い換えてもいいかもしれません。

教師に最も必要なベーシックな資質・能力、それはひとことで言えば「**人間関係力**」です。

人間関係力こそ、この困難な時代に教師という仕事を続けていくための最も重要な能力なのです。

教師が抱える深刻な悩みの大半は、なんらかの人間関係に起因する悩みです。

教師の仕事は絶えず、なんらかの他者との関係の中で、つまり人間関係の中でなされています。

授業やホームルームは子ども集団との関係の中で行われますし、不登校やいじめ対応はその特定の子ども個人との関係の中でなされます。保護者会は保護者集団との関係の中で、クレーム対応は特定の保護者との関係の中でなされます。同じ学年の教師とチームワークを組んでいく力量も求められますし、管理職ともうまくつき合っていかなくてはなりません。異動があれば異動先の学校の先生、子ども、保護者とも、新しい人間関係をすぐに築いていかなくてはなりません。

このように**教師の仕事は、常になんらかの「人との関係の中で」**行われています。しかも、相手を選べません。その結果、教師の悩みの大半は人間関係絡みのものになっていきます。

私がこれまで聞いてきた教師の悩みの大半が、次のいずれかにかかわるものでした。

①子ども（子ども集団）との関係の悩み
②保護者（保護者集団）との関係の悩み

教師は「人間関係のプロ」であれ

教師がさまざまな困難に直面しながらもうまく乗り切り、教師として成長していくためには、さまざまなタイプの子どもや保護者や同僚と、可能な限りスッと関係をつくっていく力が必要になります。それは、相手から信頼され、心を開いてもらえる関係を教師のほうからうまくつくっていく力です。

私の専門の教育カウンセリングでは、こうした「心と心のふれあい」「気持ちと気持ちのつながり」のある人間関係のことを「**リレーション**」と言います。

教師には、どんな相手とでも瞬時にしてリレーションをつくっていく能力が求められるのです。

次に、①**子ども**、②**保護者**、③**同僚や管理職との関係のもち方**について、また、それぞれの特徴についてお話ししていきます。先生方に向けた話ではありますが、学校に子どもを通わせている保護者の方にも、学校の現状を知る上で参考になると思います。

子ども集団の強烈な同調的排他性

小学校高学年から中学生の子どもたちの特徴のひとつは、「先生が平等であること」に大変敏感であるということです。

私たち大人から見れば、過剰に思えるほど「平等」にこだわります。先生は私たちを平等に見てくれているか、そういった視線を絶えず教師に送り続けます。これは思春期特有の心理です。

この時期の子ども集団には、ちょっと目立ったり、ほかの子と違うことをしたりすると、すぐに排除される排他性が働いています。「みんな同じ」「私たち同じだよね」と常に確認し合うことが友達であることの証なのです。

「周りに合わせなくてはいけない」というこのプレッシャーのことを「同調圧力（ピアプレッシャー）」といいます。

子どもたちは常に、同調圧力の中で、自分を押し殺して、周りに合わせているのです。

その視線は、子ども同士だけでなく教師に対しても送られます。先生が特定の子どもに肩入れをしていると、すぐに「えこひいき」とみなされるのは、「私たちみんな同じ」であることにひどくこだわっているからです。そのため、子どもたちは「教師のえこひいき」にひどく敏感になるのです。

私が子どもだった40年前からすでにありはしましたが、今の子どもたちははるかに強烈に「同調圧力」にさらされています。その原因のひとつは、ＳＮＳ、特に「ＬＩＮＥグループ」の影響でしょう。子どもたちが常にスマホから目を離せないのは、同調圧力のゆえです。

子どもたちが**「私たちみんな同じだよね！」と確認し合い、「同じになれない誰か」を排除することで、友人グループの凝集性（親密さ）を高めていこうとする傾向**――これを**同調的排他性**と呼びます。

子どもたちは〝違い〟を排除し、同調していくことにより、集団の一体感を高めていこうとします。

しかし、その一体感は「私たち同じ」の中に入らない子どもを排除することで強められていくのです。裏を返せば、ちょっと違う子は排除されます。だから子どもたちは常に仲間から排除されないように、おびえながら暮らしているのです。

教師のえこひいきに敏感な心理とは

排他的な人間関係を好むこの傾向に加え、学校独自の人間関係の秩序とも呼ぶべき「スクールカースト」が存在しています。

優秀な子、運動神経が優れた子、容姿が秀でている子、話術に長けた子は、スクールカーストの「上位」に位置づけられがちです。優秀でない子、運動が苦手な子、太っている子、話が得意でない子どもが「下位」に順位づけられがちです。

子どもたちは同調して結束力を高め、さらに順位づけを行うことにより、集団の秩序の安定を得ているのです。

子ども同士で「違い」を監視しようとする雰囲気の中、その視線は次第に教師にも浴びせられるようになっていきます。「私たちみんな同じだよね！」という意識や、学校内序列の「スクールカースト」に抵触するような、教師の言動はあってはならないのです。

だから教師のちょっとしたえこひいきや、特定の子どもをほめ、そうでない子はほめないといった発言に対して子どもたちは敏感です。これは教師が意図しなくても、起きてしまうことなので、厄介です。

子ども集団の中で「監視し合う人間関係」を築いているからこそ、**序列を崩すような教師の発言は容認できない**のです（このように見ていくと、コロナで話題になった、大人たちがお互いを監視し合う「自粛警察」の原形は、小学校から中学校で築かれた「学級の人間関係」であること、「自粛警察」は「学校的人間関係のコピー」であることがわかります）。

「スクールカースト」と「保護者の視線」に飲まれてしまう先生

先生といえど人間です。できれば、子どもたち、特に子ども集団の中心的な存在には嫌われたくないものです。その子たちとの関係が悪くなると学級経営が難しくなるので、できればそれは避けたいという気持ちが働きます。

監視的な子どもたちの視線が気になり、また傷つきやすい子どもたちの背景にいる「保護者からのクレーム」をおそれて、今、中学校や小学校高学年の先生にも、**子どもを厳しく注意すべきときにも、叱ることができない先生**が増えています。

そのような先生方の悩みをカウンセリングで聞いていて感じるのは、職員室の教師集団そのものに同調性が強い傾向が見て取れる、ということです。職員室の人間関係の中で周りに合わせようと、その場の雰囲気やすでにある集団の秩序に自分を同調させる傾向を強くもっているのです。なぜか。

そうしないと、その教師は職員室の中で「排除」され「孤立」した日々を過ごすことになるからです。

多くの先生は、子どもとかかわる中でも、子どもたちの中に存在する序列を微妙にかぎとります。子ども集団に嫌われたくない、子ども集団とうまくやっていきたいという思いは、自然なものです。しかし、これがいきすぎたものになり、教師が子ども集団の期待や要求に過剰に応えようとしたり、敏感に反応しすぎるようになると、先生自身も知らずのうちに「スクールカースト」に飲み込まれてしまうことになります。

怖いのが、先生自身も無自覚のうちに、いつの間にかそれに絡め取られてしまうことです。たとえば、いじめっ子集団のリーダーが、クラスの優等生でリーダー的存在、しかも担任の教師と親しかったといった場合に、教師もいつの間にか、いじめに加担してしまい、「葬式ごっこ」に加わってしまうといったおそろしいケースが起こりうるのです。

その場の雰囲気を察する「空気を読む」世代として育った若手の先生方が、子どもたちの間にある空気も読みすぎてしまい、自分を抑えて、子どもから求められる行動をとってしまう結果、おそろしい事態が生じるのです。

あえて「空気を読まない」教師になる

先生に求められるのはむしろ、**子どもたちに「空気を読みすぎない行動のモデル」を示すこと**です。

思春期の子どもたちの間では、空気を読む、つまり集団の雰囲気をかぎとって同調することが求められます。それができない子どもは、いわゆる「空気が読めない子＝ＫＹ」として排除の対象に選ばれてしまうのです。

これは決して望ましいことではありません。**絶えず他者からの視線を感じ取って、排除されることにおびえ、同調する「友達地獄」の苦しみ**を味わう子どもが出てきてしまいます。

子ども集団の序列を壊すためにも、教師自身が「あえて空気を読まない」行動のモデルを示しましょう。子どもたちとかかわる中でも、**「ちょっと待って、私はこうしたいの」「私はみんなにこうしてほしい」と、自分の気持ちをストレートに**ぶつけていきましょう。

そのことが、子どもたちの中に「そうか、空気を読まなくていいんだ」「自分らしく振る舞っていいんだ」という気持ちを芽生えさせます。

中には先生の行動に刺激されて、「空気を読まない」行動に出る子も出てくるでしょう。そうした子が増えてくると、友達の目を気にしすぎない、自分を抑えすぎない、風通しのいい学級集団がつくられていくのです。

自分のやりたいようにやることはいいことだと、子どもたちが感じられるよう、ぜひ先生方はあえて「空気を読まない行動のモデル」を示してほしいと思います。

家庭でも、親御さん自身が自分の考えをもち、伝え、やりたいことを実践しましょう。あえて「空気を読まない、親の背中」を見せてほしいのです。

保護者とのつき合い方に悩む先生

近年、保護者とのつき合い方に悩む先生方が増えています。振り返ってみると、2000年頃から子どもとの関係以上に保護者との関係に疲れる、エネルギーが奪われていると漏らす先生が多くなってきました。モンスターペアレントと呼ばれるようなクレーマーの保護者が増えてきたのです。

さらに加えて、若すぎる教師が急増しています。とりわけこの10年あまりで、教師の年

若年教員の増加

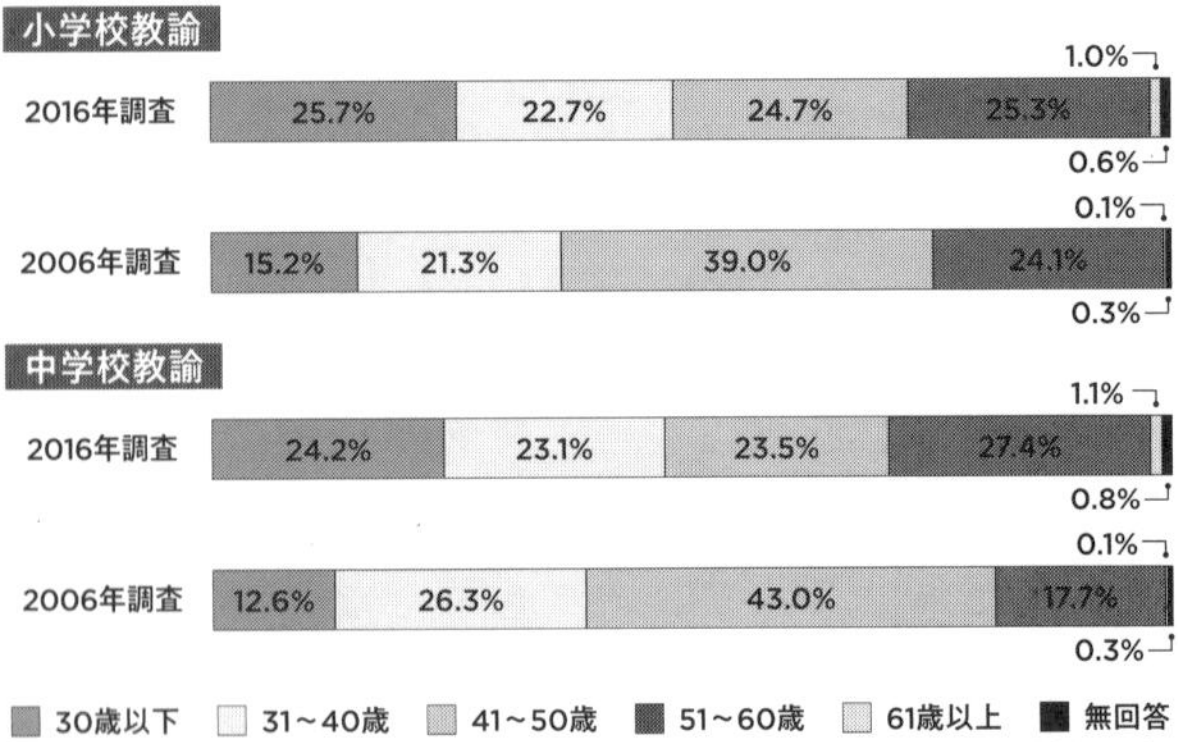

※文部科学省「教員勤務実態調査」(2016年)

齢構成は随分と入れ替わりました。20年くらい前は50代が中心の学校も多く、40代が若手と言われることもあったのですが、その中心世代の先生方が定年になりました。代わりに数多く入ってきたのは20代の先生です（上の図は2016年の調査で、現在はさらに50代が減り20代が増えています）。

　50代中心の学校から20代中心の学校へと急激に様変わりしたわけです。

　一方、親の年齢は上がってきました。少子高齢化社会と言われ、初婚年齢が以前より遅くなり、子どもを産む年齢もかなり遅くなっています。たとえば30歳から35歳で子どもを産むと、子どもが小学生になる頃には親は30代半ばから40歳に、3年生（9～10歳）になる頃には親の年齢は40歳から45歳になってきます。

少し前までは、「親よりも先生のほうが年上」が当たり前でした。それはある意味、安定感のある関係性でした。それがこの10年あまりの間に保護者のほうが年上、しかも10歳以上も年上というケースが一般的になってきました。

保護者の中には、若い教師に対して「**まだ若くて子どもを産み育てたこともないあなたに、一体何がわかるの？**」という態度を露骨に示す方もいます。そんな状況の中で、若い先生が保護者とどうつき合うかということは、学級を運営していく上で大きな問題となっています。

では、どうすればいいか。

私がいつも言っているのは「**最初の保護者会が勝負！**」ということです。年上の保護者の方々に信頼してもらうためには、スタートダッシュが何よりも重要です。

始業式、1年生であれば入学式の日などには、多くの保護者は教師のことを「この先生は、一体どんな先生なんだろう？」とやきもきしながら見ています。

それは教師にとって大変なプレッシャーですが、見方を変えると「保護者との良い関係」をつくる大きなチャンスでもあります。

保護者と教師は「パートナー」

私が、「最初の保護者会で、ぜひやってください」とお勧めしているのは、教師のほうからパートナー宣言をすることです。

「私ども教師と保護者のみなさんは、一緒にお子さんを育てていくパートナーです。一緒に力を合わせて頑張っていきましょう」と最初に、さわやかに前向きに、堂々とした雰囲気で挨拶をしてほしいのです。

教師がリードして、「自分は教師として、どんな関係を保護者ともっていきたいと思っているのか」その構えを示すことが重要です。

次にお勧めなのが「全員が全員と握手！」という構成的グループエンカウンターのエクササイズです。一人ひとりの目をしっかり見て、全員と握手していきましょう。保護者同士も全員が全員と挨拶しながら握手します。

こうやって場を仕切っている姿を見せることで、保護者からは「今度の先生は違う。親しみもてるし、ちゃんとリーダーシップもとれる。若いけど頼りになりそうだ！」と一目置かれるようになるでしょう。

保護者会中に若い学級担任がオタオタしていたり、自信がなさそうにビクビクしていたりすると、保護者のほうとしては「先生、しっかりしてよ！」と文句や注文をつけたくなります。教師が困っている姿を見ると、保護者はますます不安になり、教師への要求やクレームはどんどんエスカレートしていきがちです。

学校教育は「教育サービス」なのか？

「教育サービス」という言葉が浸透し、「教師というのはサービス業なんだ」という受け取り方をする保護者の方が増えてきました。

けれども、教師と保護者は本来、「お客様と店員」の関係とは違います。ここを勘違いしてほしくないのです。保護者が教師に注文をつけ続け、先生が保護者のリクエストに一方的に応え続けるという関係性は、決して好ましいものではありません。

たとえば、保護者が教師の悪口を家で言っていたとします。子どもがその悪口を聞いて「うちの親は、あの先生のことをバカにしている。下に見ている」と伝わってしまうと、お子さんにも教師の指示が入りにくくなってしまいます。これを防ぎたいのです。

保護者と教師の本来の関係は「客とサービス提供者の関係」ではありません。ともに力を合わせて一緒に子どもを育てる「パートナー」なのです。

「傷つきやすい保護者」にはリスペクトする姿勢を見せよ

日常的な保護者との関係のつくり方についても、確認しておきたいと思います。

保護者と良い関係をつくっていく上で一番大事なことは、傷つきやすい保護者に「この先生は、私のことをリスペクトしてくれている。大切に思ってくれている」と感じてもらうことです。相手をリスペクトする気持ちが伝わると、傷つきやすく、クレーマーになりやすい保護者との関係も次第に良くなってきます。そもそも大半のクレームの内実は、傷つきやすい人が、自分が傷ついたことで生まれた攻撃性を相手に転化したものだからです。「大切にされること」で、クレーマーの攻撃性は溶けていくのです。

また教師が保護者に言うべきことを言わなくてはならない場面もあります。ここで必要なのは「アサーション」です。アサーションは、よく「自己主張」と訳されていますが、正しくは「相手を大切にしながら、自分の言うべきことも相手に伝わるような仕方できちんと伝える」という意味があります。

特に子どもが不登校だったり、発達に偏りがあったりして親が「うちの子、やっかい者扱いされているんじゃないか」という不安を抱えているように感じられる場合には、「**お子さんのこと、大好きなんですよ**」と保護者に、伝えてみてください。「先生、うちの子のこと、好きでいてくれるんだ」と感じて、嫌な気持ちになる親はいません。

人間、つまるところ、相手を好きか嫌いかだということを、保護者も知っているからです。

多少「問題」を抱えている子の親は「この先生、うちの子のこと、好きでいてくれるのか。ただの面倒くさい子ども扱いされているのではないか」と常に不安を抱えています。

保護者は、ただただ自分の子どものことが心配なのです。

ストレートに「お子さんのこと、大好きなんですよ」と伝えられ「**この先生だったらうちの子どものことをないがしろにしない。ちゃんと見てくれている**」と感じることができれば、クレームの勢いは弱まっていくはずです。

「職員室カースト」教師同士の人間関係は弱肉強食

教師にとって最大の悩みは、同じ学校の先生同士の人間関係です。

その人間関係には、もともと難しいところがあります。

学校の職員室は、敵と味方がつくられやすいところがあるのです。職員室はそんなに広くはありません。狭い場所で学年団に分かれ、しかも、その中で仲の良い先生、仲の悪い先生ができています。

「力があるとされているリーダー格の教師」と「あまり力がないとみなされている教師」がいて、弱肉強食になりやすいのです。

職員室の人数は、ちょうど学級集団と同じくらいです。だいたい20~40人ほどです。

近年、子どもたちの間には「スクールカースト」というものがあると前述しました。学級の中で「この人の言うことは聞かなければならない」と周囲から見られる中心人物がいたり、逆に学校の中になんとなく居場所がない人がいたり、といった位置づけが自然とできてしまっているのです。「スクールカースト」は教員同士の人間関係の中でもできがちです。いわば「職員室カースト」のようなものが職員室の人間関係の中でつくられている学校も珍しくないのです。

その最悪のケースが、神戸市東須磨小で起きた教師間のいじめ・暴行事件です。

神戸市東須磨小の教員間いじめ・暴行事件
4人が加害者、4人が被害者という異様な職員室

神戸市立東須磨小学校で、新卒3年目25歳（当時）の男性教員が同僚の教員4人から、いじめや暴行を受けていた事件がありました。

２０１９年10月に発覚したこの事件では、被害に遭った教員が、激辛カレーを無理やり食べさせられ、羽交い絞めにされ、目にこすりつけられる動画が繰り返しテレビで流されました。その衝撃的な場面とともに、東須磨小の教員間のいじめ事件を記憶している方は多いのではないでしょうか。

事件の発覚後、弁護士による外部の調査委員会が設置され、２０２０年2月には、加害教員4人による１２５項目にも及ぶハラスメント行為が列挙された報告書が公表されました（事件発覚は２０１９年でしたが、加害行為は被害教員が新卒で配属された２０１７年から始まっていました）。

被害者は激辛カレーを強要された男性教員だけでなく、20歳代の男性教員1人と女性教員2人も含め、計4人の被害が調査対象になっていました。１２５項目のハラスメント行

為というのは、加害者４人が行い、被害者４人が受けたものの総計です。

加害者４人の教員のうち、加害行為が最もひどかったのは、30歳代の男性教員Aです。78項目ものいじめ行為に加担していました。

以下は、Ａ教員が被害教員に行った加害行為です（報告書より引用）。


〈車による送迎を求め、被害教員が遅れたときに「はよせいやハゲ、ボケ」と言ったり、車の部品を叩いたりした〉

〈バーベキューをしたときに、被害教員に対し、激辛のソースを飲ませた〉

〈運動会の準備中に、金槌で釘を打っている時に、わざと被害教員の指を金槌で打った〉

〈被害教員が所有する車両の屋根の上に乗り、加えて、同車両を蹴った〉

〈模造紙の芯で振り回し、被害教員の尻を３回程度、打ち付けた。その結果、あざ、みみず腫れができた〉

〈養生テープで拘束して放置した〉

〈熱湯入りのやかんを被害教員の顔に近づけた〉

いずれも啞然とするほど悪質で、許しがたい行為です。加害者も被害者も複数名います。しかし、この事件には、「ひとりの異常な教師が犯した異常な事例」で片づけてしまうことができない側面があります。この事件には、多くの学校の教員集団の中で生じやすい「歪み」が増幅された形で現れています。つまりこの事件は、決して「特殊な事例」で片づけていいものではなく、「教員集団の人間関係」でどんなことが生じやすいかを考える上で極めて重要な、「ある種の普遍性をもつ事件」であると考えられるのです。

重要なのは、この行為が「教員集団の人間関係の歪み」の中で生まれたことです。

以下に被害者、加害者を整理して記します（アルファベットによる呼称は報告書に準じています）。

●被害者

被害教員　20代男性（激辛カレーを強要された）

X　20代男性

Y　20代女性

Z　20代女性

●加害者

A　30代男性
B　30代男性
C　30代男性
D　40代女性

調査委員会は「加害教員らはいずれも、被害教員よりも年長者かつ先輩であり、教員歴も長く、指導的立場」にあり、「優越的な関係を背景とした言動」であるとし、ハラスメントとして認定しました。加害行為125項目には、いじめからセクハラ、犯罪行為までも含まれ、それらを含めて広義で「ハラスメント」とみなされたのです。

東須磨小の教員数は、「30人強」（神戸新聞　2019年10月4日）なので、職員室は学級集団と同じくらいの人数です。そのうち**4人が加害者で4人が被害者**です。職員室の中でいじめる側といじめられる側が4人グループで存在しています。これは学級集団で生じる子ども同士のいじめとまさに同形です。

さらに悪質なことに、**「東須磨小「悪魔の職員室」　神戸イジメ教師が後輩男女教諭に性行為を強要した」**（「週刊文春」2019年10月24日号）という報道もありました。まさかと目を疑う見出しですが、ハラスメント行為が列挙された報告書には、伏せ字ばかりですが、強要した行為を思わせるくだりも記されていました。

「人気者」「指導力が高い」と評判だった加害教員

みなさんは意外に思うかもしれませんが、加害教員たちは、事件前は保護者から評価の高い先生でした。

加害者とされる男性教諭について「担任ではなかったが、頼りがいがあり、人気者という評判。信じられない」（神戸新聞　２０１９年10月5日）

加害教員について次のように言う保護者もいた。「本当に熱心で、親身になってくれる先生だったんです。問題を抱えた子の家に何回も足を運んだり、イジメやセクハラをしていたなんて信じられません」（「週刊文春」２０１９年10月31日号）

（加害者の40代女性教員について）「子ども一人一人の動きが見えていて、授業で指名す

る順番などよく考えられていた」と指導力の高さは感じていた。（神戸新聞　2020年2月21日）

加害教員についていずれも「頼りがいがあり人気者」「本当に親身で、熱心になってくれる」などと語られていて、指導力の高さをうかがわせるエピソードです。いわゆる「力があるとみなされる先生」であった様子が浮かんできます。

調査報告書には「男性若手教員のうち、本小学校で6年生の担任を長年続けてきたA教員が、構図的に職員室内で力を持っていたのではないかという見方をすることができる」と記されています（6年生の担任は、比較的やるべきことが多く、一定の実力以上の教員が任されることが多いのは確かです）。

逆に言うと、「力があると周囲からみなされている先生」だからこそ、職員室での発言力が高まっていったのでしょう。

ここで言う「力があると周囲からみなされている教師」とは、教師としての「役割」をこなすのに長けていた、という意味です。子どもに熱心に指導できること、教科をうまく教えられること、保護者の要望にうまく応えられること……そんな教師の「役割」をうまくこなせていたからこそ、保護者からの信頼が厚く、同僚教師からも一目置かれ、管理職も注意しづらい存在になっていったのでしょう。

特に私が注目するのは、加害者グループ中で唯一の女性で最年長（40代）だったD教員です。

40代の女性教員で、学校で最も実質的な影響力を発揮していたDが背景にいて、30代の男性教員3人に、20代の教員4人をいじめさせていたのです。D教員は２０１７年に当時の校長が呼び寄せたとされています。校長のお気に入りだったのでしょう。

私は、加害者グループ4人の中でもDが実質的に果たした部分が大きいと考えています。Dについてはこんな報道があります。

「仕事はテキパキとできるのですが、その分、要領がよくない同僚を小バカにする面は、あったかもしれません。児童に対してもえこひいきが激しく、暴言を吐かれたり、胸倉を摑まれたりした子がいたようです」（『週刊文春』２０１９年10月17日号）。

加害者の30代男性教員3人が職員室の中で若手教員への力をもっていったのも、校長のお気に入りで仕事がテキパキとできるDという「後ろ盾」があってのことだったのでしょう。

事件発覚時の東須磨小の校長は、2018年まで教頭だったそうです。同じ職員室にいた教頭が、何が起きていたのか気づかなかったとは考えづらいです。学級のいじめと同じ「同調圧力」が働いていて、管理職の感覚もマヒしてしまっていたのです。

管理職が事なかれ主義者だと、職員室内の別の誰かが実質的なボスとなり、幅を利かせるようになりがちです。これも、事なかれ主義の学級担任のクラスで、「力があるとみなされている、クラスの中心的な位置にいる子ども」が、いじめ集団のリーダーになりがちなのと同じです。

子どもたちの間にはびこる「カースト」が職員室でも存在していたのです。

現に調査報告書には、次のように記されています。

〈被害教員は、A教員からのからかいに反応しないと、「はあ？　おもんな、しょうもな」と小声で言われて冷たくされ、A教員に嫌われると本小学校で仕事ができなくなる、という恐怖があったという〉

神戸市東須磨小の教員間いじめ・暴行事件は、子ども同士の「いじめ」と同じ構造の上に成り立っていたといえます。

少なくない「いじめられている先生」からの悩み相談

私は30年近く、多くの先生方の悩みをうかがってきて、職員室における教師間の人間関係においても、子どもと同様のいじめの構図が生まれやすいことを見てきました。

被害者側からすると、次のような気持ちになります。

「強い者、力のある者には逆らえない」

「反対意見やノーを言うことができない」

「周囲の人たちから浮いてしまうと、今度は自分が仲間外しのターゲットになってしまう」

神戸市東須磨小の教員間のいじめ・暴行事件がなぜ起きたのか。

私は、多くの学校、とりわけ小中学校の職員室には、「**同調圧力**」という**魔物**が住んでいるのではないかと考えています。

とりわけ、20代から30代という比較的若い世代の教師の間で、強い同調圧力が働くことがしばしばあります。同じ学校の「ほかの教師集団から仲間外しにあった」「仲間に入れてもらえない」と訴え、相談してくる先生方は少なくありません。その多くは「同僚の同世代の教師から、仲間外しにあっている」という相談です。

先に述べたように、全国的に若手教師が激増しています。首都圏のある小学校では教師の8割が20代、学年主任も20代というところもあります。

調査報告書によると、東須磨小も〈平成29年（2017年）度はA教員らより以前から在籍するベテランの教員が相当数異動等でいなくなり、平成30年（2018年）度には**新任教員を含む比較的若い教員が多くを占めるようになった**〉とあります。

ここでは、若い教師の特徴を見てみましょう。

ひとつは「群れ」をなすことです。今の若者が最も大事にしている価値観は「仲間」だからです。

私が大学教師として、あるいは中高のスクールカウンセラーとして接している中で感じるのは、大学生であれ、中学生や高校生であれ、若者にとって大事なのはやはり「仲間」だということです。恋人以上に同性の友達との関係を重視しているように見えます。特に男子学生にその傾向は顕著で、仲の良い男子学生同士で「いつも一緒」にいる度合は高いのです。

そんな文化で育った彼らが今、教師になっています。

すると当然、若い同世代の教師だけでつるみます。50代の教師はのけ者。20代から30代の教師でグループをつくり、同じ世代の誰かを排除することで、集団としての凝集性を高めているのです。

仲間同士で完結した一体感のある世界をつくり上げています。

若い先生方は、同世代の教師集団から外されないように必死です。そうしないと自分の居場所を確保できなくなるため、必死なのです。

以前から日本では「村八分」と言われるように、同調圧力の高い社会でした。しかし、若い世代はさらに強固に「同調圧力」に支配されて逃れられない人が多くなっています。

おそらく、東須磨小の職員室でも「力があるとみなされる」加害教員4人グループが、ほかの教員たちに**「自分たちに従わないと、この学校では孤立する」という同調圧力**をかけ、特定の教員を攻撃する空気ができあがっていったのでしょう。

「あえて空気を読まない」ことの大切さ

「空気を読む」ということは、同調圧力に従うということにほぼ通じます。

若手の先生方に申し上げたいこと――それは「**あえて空気を読まないでいよう**」「**空気を読めても、ときには読まないふりをしてほしい**」ということです。

これが同調圧力を打ち破って、自分の個性を活かすということにもつながるからです。先に、先生方には子どもに対しても「空気を読みすぎない行動のモデル」を示してほしいと言いました。

先生には子ども集団に対してではなく、教師集団の中でもぜひ「空気を読みすぎない行動」をしてほしいのです。

このことは若手の先生に限らない話です。私は、中堅の優れた先生からもしばしばこんな悩みをうかがいます。

「本当はこうしたほうがいいと思うことがあっても、同じ学年のほかの先生に気を遣ってできないんです」

小学校のある学年で全クラスが、同じ教材を使って授業をすることがあります。学年の先生方で、どういう授業にするか、どういう教材をどのように使うか、打ち合わせをします。

こういうときには、すごく頑張る人がいる一方で、かなり手抜きに走る人もいるものです（これは学校に限らずすべての職場でよくあることでしょう）。

こういうとき、頑張る先生は「本当はもっと準備を重ねたいし、板書のやり方も、教材の見せ方も、配布するプリントも工夫したい。もっと手をかけて授業をしたい」——そんなふうに思うものです。

しかし、本当は「もっとできるのに」「もっと頑張りたい」と思っていながらも、「やり過ぎるとほかの先生から叩かれてしまう」「どうしてあなただけ、そこまでするのかと思われてしまう」とほかの先生からのクレームをおそれて、妥協を余儀なくされます。この「教師集団の横並びの発想」は、できる教師特有の大きな悩みのタネになっています。

ほかの先生からクレームが出る背景には、保護者のクレームがあります。「3組の先生はあんなにプリントの準備をしてくれたのに、1組の先生はどうしてそれをしてくれないんですか」といった声が、保護者から届くのをおそれているからです。できる教師がほかの教師に気を遣って、「本当はもっと工夫をしたいのにできない」という状況がしばしばあるのです。

できる教師がほかの教師に気を遣って、本来できること、やりたいことができなくなってしまうことの最たる例に、「学級通信」があります。

今も昔も**学級通信は、やる気に満ちた先生の力の入れどころ**のひとつです。

学級通信で、担任と子どもをつなぐ。担任と保護者をつなぐ。

これはどこの学校でも、数十年にわたって行われてきたことです。

私は、多忙な合間を縫って毎日のように学級通信を出している先生方を知っています。

それは担任としての思いを子どもに伝え、日々の子どもたちの様子を保護者に伝えたいという思いからです。

しかし、そんな先生が同じ学年の先生方に気を遣って、学級通信を出せなくなることがあります。

多くの学校現場で、できる教師がほかの教師に気を遣いながら、自分の力を抑えて仕事をしていることが少なくないのです。

子どものためになる。保護者のためになる。

一人ひとりの教師が、自分がそう思うことをほかの教師に遠慮せずに十分にできるならば、その学校が教師同士の人間関係が良好な学校であることの証といえるでしょう。

いじめに遭ったら正面衝突はしない、「横歩き」をする

もしあなたが若手教員で、今、力のある先生に目をつけられていて、いじめの対象となってしまっている場合には、どうしたらいいのでしょうか。

ここでは、**職員室のみならず、ほかの職場でも活用できるアドバイス**をお伝えします。

管理職ですら校内で影響力のある先生とうまくやらないと、学校運営が立ちいかなくなるという現実があります。ほかの先生も「あの先生を敵に回したら、この学校にいづらくなる」と思い、その先生に嫌われないために、「ちょっとおかしいな」と思うことがあっても、その先生に同調してしまっています。

異動してきたばかりの管理職などは、力のある先生の中心派閥に「あの管理職はダメだ」とレッテルを貼られたら、とても仕事がやりづらくなります。校長でさえないがしろにされ、何の実権も発揮できなくなってしまうのです。

すると、学校内では誰もこの中心人物に歯向かうことができない雰囲気ができあがってしまいます。この人に目をつけられてしまうと職場の中で孤立無援、誰も味方をしてくれない状況に陥ってしまうからです。

では、どうすればいいのでしょう？

まず1つ目のアドバイスは**正面激突をしないこと**です。それはウサギがライオンに挑みかかるようなものです。瞬く間につぶされ、さらにきつい目に遭ってしまいます。

2つ目は、正面だけでなくうしろからも斜めからも激突しない、戦わないことです。

では、どうすればいいか。**横に歩く**のです。

前からぶつかると、つぶされる。うしろに下がると、消えていかざるをえなくなる。そこでお勧めは、横に歩くような生き方をする。そうして、**「人畜無害な先生を見つけてつるんでいく」**のです。

子どもたちの社会を考えてみてください。学級の中には、必ずボス的な存在の子がいます。ボスには取り巻きがいて、ボスに逆らえない周辺グループがいます。いわゆる「スクールカースト」です。職員室も同様です。

しかしよく見ると、職員室の中には、「どのグループにも属していない無派閥層の人間」もいるものです。

影響力のある先生の子分格は、みな弱者である先生に対して批判的です。

いじめを受けている立場からすると、一見、「全員が自分の敵」のように思えてしまいがちです。

しかし、どの学校にも、学校の勢力分布にあまり関心のないローンウルフ（一匹狼）で、わが道を行くタイプの「人畜無害な先生」が必ずいるものです。

そういう先生に声をかけて**仲良くなって、ときどき「お互いよくやってるよね」などと声を掛け合い、やり過ごす**のです。ひとりだけでいるのとは大違い。随分、毎日が過ごしやすくなります。

正面激突もしない。新たな派閥もつくらない。

これが一番です。

反対派閥にしろ、中心派閥にしろ、派閥にかかわって良いことは1つもないのです。

ただ、人間は弱いものなので、たったひとりで孤立したまま頑張り続けるのは不可能です。

だからこそ、**横歩きをしながらとりあえず一緒にいられる人を見つける。つるむ。それが大切**なのです。

そうこうしているうちに……学校には3月末に人事異動があります……主流派の中心メンバーがほかの学校に異動になることもあるでしょう。そうすると次第に主流派が崩れていき、勢力が弱まっていきます。

以上のアドバイスは基本路線ですが、あまりにひどい場合は横歩きでつながった先生に「実は私……今いじめられていて」と相談し、その先生の力を借りて、管理職や教育委員会のハラスメント担当者に相談しましょう。ひとりで相談しづらいときは、その先生についてきてもらい、一緒に相談するのもいいでしょう。

SOSを出すことが大切です。「**援助希求**」をするのです。

「いつでも助けを求められる仲間がいる」ということは、あなたの教師人生の命綱となります。

教員間のいじめは特別ではない

神戸市東須磨小の事件のような激しさこそないものの、質的には同レベルの「いじめ」の相談を若手教員から受けることは少なくありません。

私の教え子の場合は、新人のときに校内で一番影響力があり、周りからの信頼も厚い先輩教員に目をつけられ、ひどい悪口を言われていました。

「お前はなんで仕事が遅いんだ」

「なぜすぐに帰るんだ！　どうせデートでもしているんだろう」

「仕事が遅いんだから、土日も学校に来て仕事をしろ！」

そんなふうに罵られ、校長にも悪口を吹き込まれ、別の学校に飛ばされそうになっていたようです。

教え子はうつ病になりかけていましたが、ある先生に相談したのが功を奏しました。その先生は「横歩き」をしている中で仲良くなった先輩の先生でした。すると、その先生が義憤を感じ、校長に実情を説明してくれたのです。

フタを開けてみると、異動になったのは私の教え子ではなくハラスメントをしていた教員のほうでした。

この教え子は、今でも生き生きと教師生活を謳歌《おうか》しています。

ひどい場合は、**ハラスメント委員会**に相談に行きましょう。各県の教育委員会には相談窓口があります。今は気軽に利用する人も多いようです。

毎日のようにハラスメントやいじめに遭っていて、先の見通しが立たないと、人間は「永遠にこの状態が続くのではないか。出口はないのではないか」と思ってしまいます。そこでうつ状態になってしまうのです。これが一番怖いことです。

「いざというときの最終的な対処策」を知っておくだけでも、気持ちが楽になると思います

教員同士のいじめが一番激しいのは小学校

私は、小中高の先生方から相談を受けていますが、この中でいじめが最も激しいと感じるのは、小学校です。

相談を受けていて感じるのは、**小学校高学年担当の先生は小学生（高学年）に、中学校の先生は中学生に似てくる、高校の先生は高校生にどこか似てくる**ということです。

小学校の先生たちの間には、なんとはなしに小学校の高学年同士のような関係性が生まれがちです。たとえば、仲のいい教員と悪い教員に分かれたり、といったようにです。

「今度の学校で私は仲間外れにされている気がする」「私が話しかけてもほかの先生から無視されている気がする」――そんな**相談が多いのは、圧倒的に小学校の教員から**です。

一方、中学校の先生からは、小学校の先生ほど仲間外れの相談を受けることはありません。小学校は学級担任制、中学校は教科担当制で、中学校のほうが、小学校の先生のような個人単位ではなく、学年単位でチームによって動くのが一般的だからでしょう。

学年でチームを組み、学年団として動いているために、小学校教員のような「個人を排除する」タイプのいじめは行われにくいのです。

しかし、その一方で、中学校の教員の中でいったんハラスメントやいじめが起き始めると、集団単位の激しいものになります。これも、中学生の人間関係に似ています。

高校の先生方は、小学校以上に個人主義が強いところがあります。あまりほかの教員に同調する必要がなくなるので、その結果、人を排除する必要もなくなっていきます。教員同士のいじめも、小学校に比べるとかなり少なくなるというのが私の印象です。

これは心理学的にいうと「チャムグループ」（思春期前半）から「ピアグループ」（思春期後半）への変化に似ています。

チャムグループというのは、チャム（Ｃｈｕｍ：親友）を語源とし、子どもたちがおしゃべりをしながら「私たち同じだよね、仲間だね。あいつは違うよね」と、誰と誰が同じで誰と誰が違うかを明確にしながら、自分たちの結束を強めていく「同調圧力」による結束集団のことです。

一方のピアグループ（ピア＝Ｐｅｅｒ：仲間・同僚）は、チャムグループとの比較で言うと、「人と人との違いを尊重できるところもある」グループです。「私はこうなんだけど、あなたはそうなんだね」と、お互いの違いを尊重しながらつき合える要素が生まれてきます。

子ども集団にも、小学校から中学校においては人を排除することによって結束を図り、高校生になるとそれぞれの独立性と違いを認め合うようになっていく傾向があります。教員同士の人間関係も、これと同形であるように思えます。

「管理職との関係」が最大の悩み

教員間の横のつながりも、先生方の悩みのタネになります。

しかし、私が相談を受けている中で、**教師の最も大きな悩みは、管理職との関係についての悩み**です。

私がうかがう先生方からの相談のうち、実に8割は管理職に対する悩みなのです。

私が受ける教師の悩み相談と、神戸市東須磨小の事件には共通点があります。それは校長がボス的な教員の存在を黙認していると、問題が大きくなっていくという点です。

東須磨小の事件の調査報告書によると、記者会見を行ったときの校長（2019年度）は、校長室から職員室へ業務場所を移し、職場環境の改善に取り組んでいたそうです。しかし、被害教員から相談を受けたあとに加害教員の報復行動を阻止しなかったために、加害教員らの言動が悪化してしまっています。

もしも、いじめ被害に遭った子どものクラスの担任が、**真に力のある教師であれば、そのいじめられている子に対して、あなたを「全力で守る」「必ず守る」と宣言し実行して**くれるはずです。逆に、力のない先生ほど、子どもの訴えにまともに向き合わずに聞き流してしまいます。

私のもとに相談に訪れる先生方の多くも「いくら校長に相談してもまともに取り合ってくれません」「受け流されてしまいます」と訴えます。いじめられた子どもと同じ苦しみを訴えるのです。

公立の学校ではだいたい2～3年ほどで校長が入れ替わります（東須磨小では、2017年～19年の3年間に校長が2回交代していました）。

一般的に新しく赴任してきた校長は、まず教員同士の関係性に着目するものです。そして学校全体を牛耳っているボス的な存在の教員を見つけ、自分自身もこのボス教員と関係を築こうとします。そうしないと、校長といえども浮いた存在になりかねないからです。

結果、力のあるボス教員は校長が代わっても実権を握り続けます。

しかし本来、校長はボス教員におもねってはいけないのです。もしもボス教員によるほかの教員へのからかいや暴言があれば、全力で解消していくのが管理職の役割です。

陰で学校を牛耳っているボス的な役割の教員と対立することをいとわずに、戦うべきなのです。校長がこの「戦うべきところで」戦わなければ、教員間のいじめは解決されません。

いじめも、虐待も、体罰も、最初は軽い行為から始まる

話を神戸市東須磨小の教員間のいじめ・暴行事件に戻しましょう。

調査委員会は、加害教員たちによる125項目の行為をハラスメントとして認定しました。その行為は、子ども同士のいじめかと見まごう幼稚なものから、暴行、女性教員に対するセクハラなど、日頃「いじめはいけない」と子どもたちを指導している先生が起こしていたとは、とても思えない内容だらけです。

しかも、2017年から3年間にわたってハラスメント行為が放置されていたことも、大きな疑問です。

調査委員会による報告書によると、加害教員の供述が次のようにまとめられています。

●A教員（30代男性）**「（被害教員を）ビックリさせたかった」「驚く顔が見たかった」**

●B教員（30代男性）A教員と行動をともにすることで**「次第に鈍麻し、タガが外れていたという面がある」**

●C教員（30代男性）**「（A教員らの行為は）やり過ぎだと思ったことがあるが、注意できなかった」「職員室内の雰囲気から、若い教員が軽く見られ、少々なら茶化してもよいという空気を感じ、これくらいなら許される」**

●D教員（40代女性）「激辛カレー会」に同席しながら**「ふざけあいの延長だったという認識しかなかった」**

最初は軽いふざけあいやいじりから始まっていたのです。しかし、それが悪質なハラスメントへとエスカレートしていく中で、加害者側の感覚は麻痺していったのです。

これは特別なことではありません。むしろ一般的な感情の変化です。

考えてみてください。子ども同士のいじめも最初は「いじり」「からかい」から始まり、ひどいいじめへとエスカレートしていきます。

親から子どもへの虐待も体罰も、最初は「しつけ」や「指導」から始まったのに（しつけのつもりだったのに)、次第に常軌を逸していき、ひどい暴力になっていくのです。東須磨小の事件もおそらく、優秀だとされるA教員が、最初はただお笑いのネタのつもりで被害教員をいじっていただけだったのでしょう。

しかしやっているうちに、それに同調してくれる仲間もできてしまい、あとには引けなくなってしまった。そして今度はB教員、C教員が、みんな同じという「同調圧力」に負けて、引くに引けなくなり、エスカレートしていったのではないでしょうか。

同調圧力は、まさに「学校に住む魔物」です。それは、職員室にも、教室にも、ひっそりとしのびこむのです。

「魔物」は、誰の心の中にも住んでいる

神戸市東須磨小の事件に関する報告書の中で、教員による次のような証言がありました。

「本小学校にずっといると、**善悪の判断が分からなくなってくる**」(そのほか教員)

「赴任当初から日常的に、職員室内で汚い言葉が飛び交ったり手が出たりしていた。**違和感はあったが、学校ごとに雰囲気は違うのでここはこんな感じなんかなと思った**」(C教員)

最初は、この職員室はおかしいのではないか、と違和感を覚えていた先生もいたのです。

しかし、人間は慣れていく。感覚がマヒしてしまっていったのです。興味深い証言です。子ども同士のいじめについては第3章で詳しくお話ししますが、小学4年生から中学3年生の6年間の間に、子どもの実に**9割が一度はいじめの加害者になり、同様に9割が一度は被害者にもなっている**という現実があります。

神戸市東須磨小の事件では、大変残念なことに、子どもよりも分別があるはずの大人の世界、しかも日頃「いじめはいけないことだ」と教えている教師たちの間で起きたという現実があらわになりました。

いじめは、人間がいるところでは、どこでも起きます。大人も子どもも、一般の職場も教育現場も関係なく、どこでも起こりえることです。そして、誰もがいじめの被害者にも加害者にもなりえます。

あなたの心の中にも、いじめという残虐な「魔物」がひそんでいるのです。

常に「少数者の視点」に立つことを忘れない

心の中にひそんでいるかもしれない「魔物」に対抗する手段は、ただひとつ。それは、常に「少数者」の視点に立つ姿勢を忘れないことです。

学校であれば、不登校の子、いじめられている子、ＬＧＢＴの子、発達や愛着の問題を抱えた子……こうした少数者の視点に徹底的に寄り添う。守る。

職員室であれば、メンタルが不調の教員の視点に立ち、寄り添う。守る。

たとえ一見、非効率的であり、時間と手間のかかることであっても、常に「少数者の視点に立つ」「寄り添う、守る」ができないのであれば、教師の存在意義はないと思います。

職員室でも「同調圧力」によっていじりやからかいが始まります。やり過ぎだと思っても「引くに引けなくなる」事態が起こりえます。そんなときこそ、多数派ではなく、「少数派の人間＝少数者」の視点に立つ勇気をもってほしいのです。

「少数者の視点に立つ」とは、その状況で最も不利益を被る人間の立場に立つということ、そして、その人の立場に「なりきる」「その人になりきって、ものを考えることができる」ということです。

たとえば、ＬＧＢＴの子どもやクラスで孤立している子どもに「なりきって」みる。

たとえば、教室に入れない不登校の子がいたら、その子に「なりきって」みる。

たとえば、からかわれている子がいたら、その子に「なりきって」みる。

たとえば、学習の障害があって、どんな宿題が出されているかわからない子がいたら、その子に「なりきって」みる。

そうやって、常に少数者の立場に仮想的に立って、「なりきってみる」トレーニングを常日頃から重ねていないと、人間はつい惰性に流されてしまうのです。

カウンセリングや教育相談の基本姿勢は、この、「常に少数者の視点に立ち、なりきる」という一点に尽きます。

こういう視点をもつ教師は、たとえ職員室内で教師同士のいじめが起きた場合でも、被害者の側に立ち、守ることができます。頭で考えるからではなく、常日頃から少数者の立場に立つ習慣がついていると、反射的に身体が動いてしまうのです。

神戸市東須磨小の事件は、私たちに3つの教訓を残してくれたと思います。

①加害者の心の中にある「魔物」は、誰の心の中にも存在している、ということ

②自分の中の「魔物」と闘うには、常に少数者の視点に立ち、「なりきる」姿勢をもつこと。そしてそれを習慣化すること

③同調圧力に飲み込まれそうになったときにこそ、②の視点に立ち、「ここでは何かおかしなことが起きている！」と認識し行動する勇気をもつこと

東須磨小の教員間のいじめ・暴行は、一見、普通ではありえない、特別な事件のように思えるかもしれません。

しかし、加害者の心にあった「魔物」は誰の中にもひそんでいます。弱者を追い込んでもかまわないかのような空気はどの職場でも生まれかねないものです。このことを、私たちの誰もが胸に刻む必要があるのです。

教員間いじめ事件のその後

神戸市東須磨小のいじめ・暴行事件の加害者4人は、2020年2月に懲戒処分になりました。また、同年3月に暴行と強要の疑いで書類送検されました。社会的制裁を受けていることや、被害教員の意向から、刑事責任は問わない起訴猶予処分を受けています。

2020年4月から被害教員は別の市立小学校で復職をしているそうです。加害者の懲戒処分に続き、刑事処分、また被害教員の復職と、事件には一応の区切りがついた形に見えます。

いじめや暴力の怖いところは、形式上の決着がついても、被害者の「心の傷」は一生消えないということです。いじめや暴力事件の被害者の少なからずが、長い間、強い自己否定感に苦しみ、その後の一生を大きくねじ曲げられてしまいます。被害者の先生がトラウマによる苦しみに耐えるのは、もしかすると、これから長い時間に及ぶかもしれません。

私は、事件が発覚した2019年10月に、被害教員が神戸新聞社に寄せたコメントを見て、なんともやりきれない気持ちになりました。自身が3年にわたって暴言や暴行などの被害に遭い続け、療養を余儀なくされるほどのつらい状態にあるにもかかわらず、子どもたちを気遣っている様子がありありとわかります（コメント全文を次に掲載）。

子供達へ

急に先生が変わってびっくりしたね。ごめんね。

私は3年連続して同じ子供達を担任してきた。初めは2年生から上がってきた小さい小さい子供達。それが最後は6年生に向かう大きくなった子供達。とても素直な児童で、行事にはまっすぐ一生懸命、学年の仲が良くみんな前向きな児童であった。「そんな子達が大好きですよ」学級通信を通じて子供のいいところを発信していたが、ほんとに毎日が成長であった。初めは小さな事で喧嘩もありながら、ちゃんと自分で反省し、仲間に優しくできる子達である。職員室が怖かった分、毎日子供といる時間が幸せでたまらなかった。「ずっとこの子達と一緒にいたい」そう思える子達だった。クラス全員で誕生日に手紙を本にしたプレゼントを用意してくれる温かい心も持っている。失敗しても「ドンマイ」と声をかけられる思いやりもある。どんな先生やお友達でも同じ目で、平等な目で見られる正義感のある子達である。運動場で「めんどくさい」とも言わず、クラス全員で遊ぶ無邪気な一面もある。これからもずっとずっと君たちの笑顔は先生の宝物であり、生きがいです。ありがとう。

そして、一つ、、、

先生はよく「いじめられたら誰かに相談しなさい」と言っていましたね。しかし、その先生が助けを求められずに、最後は体調まで崩してしまいました。「ごめんなさい」今の先生だからこそ、お願いです。辛い時、悲しい時自分一人で抱え込まずに、誰かに相談してください。必ず、誰かが手を差し伸べてくれます、助けてくれます。いつか、みんなの前でまた元気になった姿を必ず見せに行きます。その日を夢見て先生も頑張ります。

保護者様へ

いつも温かく迎えてくださって感謝でいっぱいです。「3年目も先生で嬉しいよ」こんな声をかけてくださった方もいて僕の支えとなる言葉です。「先生痩せられたんじゃないですか？」と気にかけてくださる優しい保護者の方達に僕もたくさん支えてもらいました。僕が作った学級通信や子供への手紙を宝物だと言ってくださった経験が今の僕の宝物です。最後に、たくさんご心配やご迷惑をお掛けしてすみません。

また、この先生は２０２０年2月に、子どもたちへ向けて「もう一度立ち上がろうと思う」というコメントを発表しました（次にコメントの一部を掲載）。

子供たちへ
君たちから受け取った全員の励ましのメッセージが貼ってある冊子や、お手紙や絵、手作りの学級通信、そして一生懸命に折ってくれた千羽鶴、全部がとてもうれしかったです。あなたたちが優しく成長していることにもとても安心しました。先生のことを救ってくれてありがとう。君たちのおかげでもう一度立ち上がろうと思うことができました。また君たちの元気な笑顔、そして先生の元気な姿で会えることを楽しみにしています。

子どもたちが「優しく成長していること」に安堵し、子どもたちに「先生のことを救ってくれてありがとう」と言える、そんな先生なのです。

いじめや暴力事件の被害者が受ける心の傷、トラウマは長く続き、被害者の一生は大きくねじ曲げられてしまうことが少なくありません。この被害教員が少しでもその苦しみから立ち上がり、またその苦しみをエネルギーへと転換して、教師としての人生をまっとうされることを祈っています。

こうした経験をされた先生であればこそ、「常に少数者の子どもの視点」に立つことができる。味方になることができる。

そんな先生になっていかれるように願っています。

第3章

追いつめられる子どもたち

——教師と親でいじめと不登校に立ち向かうには

「いじめ」から子どもを守る！――教師と親の対応ミニ・マニュアル

私は、いじめが最も深刻だと思われる公立の中学校において、21年ほどスクールカウンセラーをしていました。カウンセリング・ルームにいて、いじめに遭った子ども、仲間外れにされている子どもの訴えを聞かない日はありませんでした。

今、子どもたちは、いつ誰が狙いうちされるかわからない状態にあります。思春期の子どもたちにとって、学校は常に「戦国状態」なのです。

文部科学省「いじめ防止対策協議会」（２０１６年度）による調査には、小学校４年生から中学校３年生まで、同じ子どもたちを６年間追いかけた、縦断的な研究の成果が示されています。小４から中３までの６年間、１年に２回、合計12回にわたって、「あなたは今、いじめや仲間外しをされていますか」という問いに回答してもらったのです。

「あなたは今、いじめや仲間外しをされていますか」――小４から中３までの６年間に、この問いに「はい」と答えた子どもの割合は、どれくらいだとあなたは思いますか？

①30％以内
②40～70％

③80％以上

9割の子どもがいじめているし、いじめられている

正解は③です。調査の結果、なんと、9割の子どもが小4から中3まで6年間に一度は、「自分は今、いじめや仲間外しの被害に遭っている」と答えたことがわかったのです。つまり、**小学校4年生から中学校3年生の6年間にかけて、ほぼすべての子どもが、いじめや仲間外しの被害経験**が一度はあったのです。

その調査では、いじめの被害体験だけでなく、加害体験についてもたずねています。「あなたは今、友達をいじめたり、仲間外しにしたりしていますか」と問うているのです。

小4から中3までの6年間合計12回の調査で一度も「している」と答えなかったのは、わずか1割。なんと**9割の子どもが小4から中3までの6年間に一度はいじめや仲間外しの加害体験がある**ことがわかったのです。

ほぼ9割の子どもが、いじめられたり仲間外しにされたことがあるし、逆に誰かをいじめたり仲間外れにしたこともあるのです。

学校で子どもたちの社会は、ほぼ「戦国状態」にあるのです。

すべての学級に「いじめらしきもの」はある

小学校高学年から中学校に限っていうと、「すべての学級にいじめらしきものはある」と言っていいでしょう。さらにいえば、いつ、どの子どもがいじめられてもおかしくない。いつ誰が排除されてもおかしくない。そんな状態にあるのです。

かつてのいじめは、いじめっ子といじめられっ子が固定されていました。たとえば、①Aくんがいじめる側で、②Bくんがいじめられる側。その周囲に、③それをはやし立てる観客と、④ただ見ているだけの傍観者がいる。この「いじめの4層構造」が従来のいじめの基本型でした。

しかし今は、かつてよりもはるかに「いじめ」の対象が流動的です。**いつ誰が加害者になって、いつ誰が被害者になってもおかしくない。どの子がターゲットにされてもおかしくない状況**なのです。

「いじめられている子どもを守ること」が最優先

20年くらい前までは、いじめは「友達関係のトラブル」だから、早く仲直りをさせて解決しようと短絡的に考える先生も少なくありませんでした。ただのケンカなら、それでいいでしょう。しかし、いじめはケンカとは異なります。いじめは、その子が属する「グループ内」でのパワーバランスが関係している、はるかに複雑な現象です。

いじめがなぜ重要な課題なのか。いじめられた子が、心に重大な傷を負い、人生全体に大きなマイナスの影響を受けるからです。自殺して、命を絶つ子どもだけではありません。いじめで受けた心の傷（トラウマ）によって、その後、10年、20年とひきこもりになり、社会に一歩も出られなくなってしまう人もいます。

大学に行けなくなる方、就職できなくなる方、結婚できなくなる方もいます。いじめは、いじめを受けた人間の人生を大きく変えてしまいます。

だから絶対に許してはいけないのです。

いじめへの対応で最優先すべきは、「いじめられた子どもを守る」ことです。表面上仲直りさせたところで、いじめられた側の「トラウマ（心の傷）」が癒えるものではありません。

私は、「死にたい」「消えたい」と語る大学生のカウンセリングも数多く行ってきました。そんな学生たちの多くが、そのきっかけとして語るのが、小学校高学年から中学校にかけての「いじめられた体験」です。

「中2のとき、いじめられたあのときから、僕なんて、生きていても仕方ないと思うようになりました……」

「いじめられて以来、私みたいな人間は、友達になってもらう価値がないように思うようになりました。それから友達なんて、ひとりもつくったことがありません」

そんなふうに彼ら彼女らは話します。

いじめによって自尊心が著しく低下してしまい、自己否定の悪循環に陥ってしまった影響で、ずっと友人ができず、そのために大学を中退したり、会社を辞めたり、恋愛や結婚もできなくなってしまう人が少なくありません。

いじめられた側の心の傷が癒えるのには、10年、20年という長い時間がかかります。

そのダメージがきっかけで人生が狂い、引きこもりになったり、進学、就職ができなくなる。友人ができなくなり、結婚できなくなる人も少なくありません。

いじめ問題は、いじめられた子どもの「人生そのものを大きく狂わせてしまう大問題」なのです。だから、絶対に許してはいけないのです。

単なる子ども同士のトラブルで片づけてよいものでは決してありません。

私たち学校関係者は、**いじめられた子を守ることこそ、最優先すべき**なのです。

いじめられた子に、決して「言ってはいけない3つの言葉」

　では、どのようにしていじめられた子を守っていけばよいのでしょうか？

　いじめの問題が深刻であれば保護者と話し合って、一時的に学校を休ませてもよいでしょう。いじめた子（加害者）がいる教室にいじめられた子を通わせるのは、たとえて言えば、レイプの加害者がいるのと同じ職場にレイプの被害者を通い続けさせるのと同じことです。とんでもない残酷なことです。

　いじめられた子どもの話をよく聞いてあげてください。つらい顔をしている子には、「泣いてもいいんだよ」と、ひとこと言ってあげてください。

　すると、どっと涙を流して語ってくれる子もいるでしょう。

　注意してほしいのは、教師であれ、親であれ、いじめられた子どもに対して、次の3つの言葉は決して言わないことです。子どもの心の傷をより深くする危険があるからです。

いじめられた子へのNGワード①「あなたにも悪いところがあるでしょう」

　この世界に「悪いところ（短所）がひとつもない人間」など、ひとりも存在しません。また、短所があるからといってそれがいじめられていい理由にはなりません。

たとえば、発達上の偏りがあり、共感性や協調性が低い子がほかの子がいやがることを言ってしまう場合があります。

クラスでひとつのこと（例：大縄跳びの練習）を苦労の末に成し遂げてみなで「ヤッター！」と喜んでいるときに、協調性の低いその子は、「なんでこんなことでうれしいの？」「ワケわかんない」などと言ってしまうのです。それで不快感を覚えた子どもたちが、この子を排除しようとし始めることはしばしばあります。

そんなとき教師としては、「あなたにも悪いところがあるでしょう」と言ってしまいがちです（保護者も、いじめられたわが子に言ってしまうかもしれません）。

しかし、この言葉は子どもを追い込みます。

「**この人に助けを求めてもむだだ**」と思わせます。

その子の短所（発達の偏りゆえの、共感性を欠いた発言）をいじめの問題と結びつけて叱るのはやめましょう。

「この先生は、私の悪いところしか見ていない」

「この先生は、私を信じてくれない」

そう感じた子どもは、教師に心を閉ざすだけでしょう。

いじめられた子へのNGワード②「あなたが気にしなければいいでしょう」

「やられたことなど気にしなければいい」

「気にしないでやり過ごしたらいい」

そんな思いで多くの教師や保護者は子どもにそう言います。

しかし、子どもがせっかく勇気を出していじめられていることを相談したのに、教師や親にこう返されては、子どもは絶望してしまいます。

気にせずにはいられないからこそ、相談しているのです。

いじめられた子へのNGワード③「あなたがもっと強くなればいいのよ」

「指導好き」の教師が発してしまいがちな言葉です。

しかし、強くなれないからこそ、苦しんでいるのですし、相談したのです。

いじめられている子どもは、自信を失い自己肯定感が低くなっています。「どうせ僕（私）なんか……」と、なげやりな気持ちになっています。

そのときに、これら3つの言葉を教師や親から投げつけられると、子どもはさらに追い込まれてしまいます。

大切なのは、教師や親が「あなたは悪くない」「悪いのはいじめている人だ」――そうはっきりと言ってあげることです。

この一言を強く伝えることが、子どもの心を救うのです。

こんないじめの指導は絶対ダメ！

教師がいじめを急いで解決しようとするあまり、かえって事態をこじらせてしまうことがあります。

先生たちがやりがちな1つ目は、学級全体に対して「君たちは○○さんをいじめたでしょう。なぜ○○さんをいじめたのか、その理由を話し合いましょう」などという指導です。

話し合いをしているうちに○○さんの欠点や短所を非難する言葉が飛び交い始めます。「○○さんはいじめられても仕方がない子なんだ」という雰囲気がクラス全体で濃厚になっていき、いじめがさらに助長されてしまう可能性があります。

2つ目は、いじめられた子どもと、いじめた子どもの双方を呼び出して「君、○○くんをいじめただろう。今、ここで謝りなさい。よし、これからは仲良くできるね。じゃあ握手！」といったその場しのぎの指導です。

先生がいなくなった途端に、いじめた側が「お前、チクッただろう」と相手を追い詰め、さらにいじめがエスカレートすることはよくあります。

教師の対応がずさんだと、いじめはより激しくなるだけで終わることがあります。

教師も、親も、何よりも優先して「いじめられた子どもを徹底して守る」ことをいつも中心にすえましょう。

クラスへの指導を行うときも、同じ学年のほかの先生や管理職に確認し、さらにいじめられた本人や保護者に、「このように指導しようと思いますが、よろしいでしょうか」と、了解を得てから進めるようにするといいでしょう。独断で指導を行い、子どもをさらに追いつめてしまうことがないようにしましょう。

「セカンドハラスメント」に要注意！

私が子どもたちからいじめに関する悩みを受ける中で、しばしばあるのが「担任の○○先生に相談して余計に傷ついた。落ち込んだ」という相談です。

子どもたちは相談する前に、大きな不安を抱えています。

「あの先生に相談しても、親身になって聞いてくれないのではないか」

「もし勇気を出して相談しても、かえってバカにされたら余計に傷ついてしまう」

「相談したくないな。でも本当は相談したほうがいいかな?」

そう迷って、私のところに相談に来たのです。

私は「もちろん、相談したほうがいいよ」と言って送り出します。

しかし、中には傷ついて帰ってくる子どももいます。そういう子どもは、先生から次のような無神経なことを言われたというのです。

「そう言うけど、あなたにも悪いところがあるんじゃないの」

「からかわれたって言うけど、そんなの、あなたが気にしなければすむ話じゃない」

「そんなこと気にしないの。もっと強くならなきゃ」

こういった言葉(NGワード)を投げかけられて、余計に落ち込んでしまうのです。

自分がいじめられていることを先生に相談するのは、子どもにとって、とても勇気がいることです。けれども細かな点を話せば話すほど、余計に先生は厳しくなっていく。

話を聞いて励ましてくれるどころではない。「それは、お前に問題があるじゃないか」と言われて傷ついてしまうのです。

ただでさえ友達からいじめられて傷つき、自信を失い、自己否定的な状態にあるにもかかわらず、先生から叱られて、ますます自尊心を失ってしまう。そんな子どもたちが少なくありません。

教師が子どもに指導する中でいじめ被害に遭った子どもが受ける二次被害のことを「セカンドハラスメント」といいます。

また、ベテラン教師の中にはこういった指導をする方もいます。

どうしていいかわからずに相談に来た女子中学生に対して、「先生が何を言いたいのか、よく考えてきなさい」と突き放すのです。生徒がいくら「先生、○○でしょうか」と言っても、「それは違う、考えてきなさい」とまた突き返す。この繰り返しで、女子中学生は疲労困憊してしまいました。

さらにひどいケースでは、ＳＮＳのＬＩＮＥで友達から「きもい。うざい」「デブ」「ブス」などの言葉を投げかけられた子どもが先生に相談したところ、「だってお前、実際デブじゃないか」「だってどう見てもブスだろ、お前」など、心ない言葉をぶつけられ深く傷ついてしまうということもありました。

相談に来る生徒、悩んでいる生徒は、とても敏感な心の状態にあります。

このときに、心ない言葉を突きつけてそれで片づけてしまおうとする「残念な教師」がときどきいます。

そのことで心が傷ついた生徒が不登校になったり、保護者を巻き込んだ大問題に発展していったりすることも、しばしばあるのです。

いじめの3大現場「トイレ」「下校時」「SNS」

いじめの多くは、先生の目の届かないところで行われます。とりわけ多いのが「トイレ」「下校途中」「SNS」の3つです。

校内の「いじめの現場」で、最も重要なのがトイレです。

たとえば、放課後にトイレの前で、中1男子が4人いるとします。普段仲の良い3人組と「あれっ？　なぜこの子がいっしょなんだろう」と思うような、あまり親しくないはずの子どもがひとり混ざっています。

これは、かなりあやしいです。これからいじめが行われる直前かもしれません。

では、教師がそんな場面に遭遇したら、どうしたらいいのでしょうか。

実際、こうした場面に出くわした教師が「早く帰りなさいよー」と声をかけてその場を立ち去った直後に、リンチに近い凄惨ないじめが行われていたケースが少なくないのです。ほんの数分前まで教師がいたその場で、リンチが行われたのです！　いじめられた子どもはどれほど絶望したでしょうか。

いじめられそうな子どもに声をかけて、その場で3人組から引き離すことです。「ちょっと○○さん、話があるからこっちに来て」と、手を引いてほかの場所に連れていくのです。それぐらい力強く守ることです。その後は、周囲の友人の話を聞いたりして情報を集めます。

下校時は「校門から歩いて5分くらいのところ」でいじめが行われている可能性が一番高いです。そろそろ教師の目が届かなくなったと感じるところで、いじめが行われるのです。地域の方や保護者の協力を得て、「大人の目」がその場所にも届くようになると、いじめは行われなくなります。

大人の目が届きにくいという点では、「SNS」はかっこうのいじめの舞台です。最近では、いじめの約半数がSNSで行われているという調査報告もあります。

いじめは人間の性《さが》なのか

かつて教員養成学部の学生に「いじめはなくなるのか？」というテーマについてディスカッションをさせたことがあります。すると「いじめは絶対になくならない」という回答をする学生が結構いました。

そう考える理由は「いじめは人間の性《さが》によるところが大きいから」というものでした。

また、こんなふうに語る学生もいました。

「今まで約20年間の人生の中で一番楽しかったのは友達をいじめていた体験です。いじめられた子どもが、『やめてよ‼』『ヤダって言ってんじゃん‼』とかん高い声を上げて、泣いて逃げ回る。その場面を見ているときほど大きな快感を得たことがありません。だから、僕はこの世の中からいじめがなくなることは絶対にないと思います。いじめほど楽しいことはこの人生にはないからです……」

いじめとは、人がもつ本能的な性分、生まれもって備えている本性にかかわるところがあるのでしょうか。そうだとしたら、どうすればいいのでしょうか。

「教師チーム」でいじめと闘う

「いじめ防止対策推進法」が2013年に制定されました。この法律のポイントは、「防止」に重きを置いていることです。これ以上、いじめによる悲惨な事件が起きることのないように、との思いが込められた法律です。

では、激しいいじめを防止するにはどうすればよいのか。

ひとつは、子どもがSOSを発しやすい仕組みをつくることです。たとえば、「SOSシ

●いじられたり、からかわれたりすることがありますか　はい・いいえ
●学校に行きたくないことがときどきありますか　はい・いいえ
●仲間外れにされたりすることがありますか　はい・いいえ
●眠れない日がときどきありますか　はい・いいえ
●もしかすると、いじめられているのではないか、と思うことがありますか　はい・いいえ

名前（　　　　）

ート」を月に1回行って、ＳＯＳを出せる体制を整えます。「はい」か「いいえ」、どちらかに○をつけて出してもらいます。1分程度でできてしまうでしょう。調査目的のアンケートではなく、ＳＯＳを出してもらうことのみを目的にしたものです。

各学年の教師が一丸となって「いじめは許さない」と強い態度で示すことも大切です。ある中学校では、生徒150人が集まる中2の学年集会で、子どもたちの前で学年の教師8人自身が役を演じて、いじめのロールプレイを行いました。

教師たちは、①いじめる子、②いじめられる子、③はやし立てる子、④傍観者の4つの役割を演じました。いじめられる子役の教師がつらすぎて泣き出すほどに本気で演じました。一話5分くらいのシナリオの劇を2つ、2回ずつ繰り返して行いました。あまりの迫力に体育館全体がシーンと静まり返りました。

その後、クラスに戻って、生徒たちは自身がどの立場でそのロールプレイを見たのか、作文を書きました。クラス全体が凍りついたような雰囲気になったまま、話し合いが行われました。

「学年の教師が一丸となって行った本気のロールプレイ」が子どもの心を動かしたのです。

一方、これとは逆にいじめが起きたとき**担任教師が単独で判断し不適切な対応をしたためにクラスのいじめを助長してしまったケース**も少なくありません。

たとえば、いじめられている子が欠席しているときにクラスで「みなさん、なぜ○○さんをいじめたんですか？」と問い、それを話し合わせたのです。その子が1週間後、勇気をふりしぼって登校したところ、「全然いじめてもかまわない」「こいつが悪い」という空気ができ上がっていて、いじめはさらにエスカレートしてしまいました。

今は「チーム学校」の時代です。少なくとも、どんな指導をするか、「学年部会」「教育相談部会」「生徒指導部会」などでコンセンサスを得た上で指導をしてほしいのです。「いじめ防止対策推進法」もチームによる対応を推奨しています。学校には複数の教職員とスクールカウンセラーら専門家によるいじめ対策の組織を置くように定められています。

何か起こったときにはその都度「担当チーム」を結成します。校長、担任、生徒指導担当教諭、相談担当の教員、養護教諭、スクールカウンセラー、部活動の顧問など7人のチームが2週間に一度くらいのペースで集まって、その都度、①状況報告　②見えてきたこと、わかったこと　③自分のこれから2週間の対応方針などについて話し合い、作戦を修正していきます（チーム支援）。

担任ひとりに任せず、「チーム」でさまざまな角度からいじめられた子を守ることが肝要です。

「本気」で立ち向かう教師の姿勢が子どもを変える

いじめの対応においてこそ、教師の「本気」が問われる。これは私の持論です。

ここで、ひとつエピソードをお伝えしましょう。

ある中3クラスの担任教師は、いじめについての授業を道徳の時間に行いました。けれども、なんだか子どもたちに伝わっていない。どうも伝わった気がしない。そんな不全感を覚えたと言います。

その先生はなんと、途中で地団駄を踏みながら、何度もホワイトボードに空手チョップをかまし始めたのです。

「俺はよー、どうしても伝えたいんだ！」

「今日のこのことだけは、絶対に伝えたいんだ！」

そうやって涙を流しながら何度もホワイトボードに空手チョップをし、地団駄踏みながら叫び続けたというのです。

1年後、高校に入学した子どもたちが集まって同窓会が行われました。そのとき子どもたちが言うには、そのときクラスには確かにいじめが存在していた、というのです。

「先生の普段の授業は、正直言って、ほとんど覚えていません。だけど、あの日の授業だけは忘れられません――。

実はあのとき、みんなで○○さんをシカトしていたんですけど……。先生の本気が伝わってきて、『これはもしいじめが発覚したらただごとではすまない』。みんなそう思ったはずです。あの日以来、いじめはなくなりました」

「何がなんでもこの問題を解決したい！　このまま流すわけにはいかない」

教師のそんな「本気」が伝わったときに、子どもたちの中の「おそれの感覚」が刺激されます。この「おそれの感覚」が刺激されることによって初めて、子どもたちがいじめをしなくなることもあるのです。

いじめの指導においては、「教師の本気」が伝わることが何よりも重要なのです。

「うちの子、いじめられているかも」――担任にどう伝えるか

この本をお読みの保護者の中には、「もしかするとうちの子、クラスでいじめられてい

るかもしれない」――そんな懸念を抱いている方もいるかもしれません。

自分の子どもがいじめられているかもしれないとなったら、いてもたってもいられなくなって当然です。このとき、実際にどんな手順でどのように学校とかかわっていくべきかについて、具体的にお話ししましょう。

まず絶対にしてはいけないのは、「学校は信用できないので、一切連絡をしません！」というやり方です。

スクールカウンセラーとして保護者の相談に乗っていると、学校に不信感を抱いている保護者が一定数いることがわかります。そんな保護者の中には、「自分の子どもがいじめられていても学校には連絡をしない」「担任の先生をはじめとして学校は信用できないから」という方もときどきおられます。

時折、こんな方もいます。保護者の方自身が30年前、中学生のときにいじめられていたことをいまだに根にもっていて、「当時の先生は何もしてくれなかった。だから、先生というものを信用できません。学校や先生には何も連絡しようと思いません」――そのようにおっしゃる方もおられます。

しかし、私としてはここで**「学校に連絡しないことは決して得策ではない」**と声を大にしてお伝えしておきたいと思います。自分の子どもがいじめられていることを学校に連絡し対応した場合、いじめ問題の7～8割は解決をしているからです。

いじめの多くは、学級や学校の「現場」で起きます。たとえLINEでいじめが加速化しているとしても、やはりその兆候は教室、帰り道、廊下、トイレなどでも見られることが多いのです。最もよく学級を見ている学級担任と連携していかなくては、やはりいじめ問題は解決の目を見ないのです。

学校に相談した7～8割のいじめが解決しているということは、逆に言えば残りの2～3割は解決をしていないということでもあります。

すべてが解決するわけではありません。だからといって、解決していない2～3割ばかりに目を向けて、そもそも最初から担任に連絡をしないというのは早計です。

では、どうしたらいいのか、手順を説明します。

①まず担任に連絡を取る

このとき大事なのは、最初からクレームの姿勢で乗り込んだりしないことです。

担任としても、まだ事態を明確に把握しているわけではありません。その時点で「うちの子がクラスでいじめられているんです。一体どうしてくれるんですか！」――このような姿勢で学校に乗り込んでいく保護者の方がときどきおられます。

けれどもこのような姿勢で乗り込まれると、担任としてはただただ責められた感じが残るだけです。腰が引けてしまいます。責任を追及され、場合によっては教育委員会に告げられ責任処分をされるのではないか、そのようなおそれが先に立ちます。

どのようなクレームでもそうですが、一方的に強いクレームを浴びせられると、多くの人は「守り一辺倒」になります。「守りの姿勢」に入ってしまい、問題の解決のために積極的に動こうという姿勢がなくなってしまいます。するとお子さんのいじめを解決できる可能性が低くなってしまうのです。

「一体どうしてくれるんですか！」という姿勢で学校とかかわることは何も解決につながらないのです。

②お願い口調で伝える

では、どのようにするか。

親と教師が「協同してわが子を守る」姿勢をつくっていくことです。

「うちの子、いじめられているかもしれないんです。様子を見ていただけませんか？」

まず、こんなふうにお願い口調で伝えてみましょう。

「一体どうしてくれるんですか！」と一方的に責められると、多くの人はただただ自分を守りたい気持ちで思考も行動も固まってしまいます。

けれども、**「うちの子がいじめられてるかもしれないんです。先生ちょっと様子を見ていただけませんか。そうしていただけるとありがたいんですけど」**――このようにお願い口調で保護者が伝えることができるならば、ほとんどの教師は積極的にいじめ問題の解決に取り組み始めることでしょう。

「そうですか。どんなことが起きたのか、もうちょっと詳しくお話しいただけませんか」

このような姿勢で担任は、保護者からできるだけ多くの情報を集めようとするでしょう。そして多くの場合、担任は、子どもたち一人ひとりから様子を聞いていきます。情報をつかもうとするのです。

③担任の対応がおかしな場合

問題は、担任が動いてくれない場合です。

自分の子どもは明らかにいじめられているようだ。けれども担任は何人か学級の子どもに事情を聞いただけで「特に問題はないようですよ」と取り合ってくれない……そういったこともしばしばあります。

また、担任が学級の子どもたちに明らかに「問題のある指導」をする場合もあります。そのようなときでも、①あくまでも担任にお願いをすべきなのか、あるいは、②そんな指導力のない担任に当たったのは不遇であったと耐え忍ぶしかないのか、③教育委員会に電話でクレームをつけるべきなのか。

どれもいい案ではありません。

では、どうすればいいのか。

今、学校では「チーム支援」といって、難しい問題に対しては学校全体で取り組むのが基本になっています。担任以外の人にどんどん力を貸してもらっていいのです。

④学年主任か生徒指導主任に連絡をする

担任の先生にお願いをしてもらちがあかない場合、次に取るべきは、学年主任の先生か、もしも生徒指導主任を知っているのであれば、その先生にお願いをするという方法です。

いじめ問題について学校全体の中心的な役割を果たす責任者のひとりが、**生徒指導主任**です。生徒指導主任には、これまでの経験を買われて生徒指導の担当の中心としての役割を任されている場合が少なくありません。担任と話していて「この人、大丈夫かな？」と心配になったときには、この先生に連絡を取るのが、最も確実です。

しかし残念ながら、生徒指導主任の先生と何の関係ももっていない、どの先生なのかもわからないという方もいるでしょう。そんな場合には、お子さんの学年の「学年主任」に連絡を取るのがいいでしょう。

いきなり校長先生に連絡を取ってしまうのはＮＧです。担任のみならず学年の先生方には、「上から嫌々やらされている」感じが強くなってしまうからです。

特に中学校では、「学年単位で問題の解決に当たろう」という姿勢の学校が多いです。たとえば３クラスから４クラスある学年であれば、ひとりはいじめの解決についてそれなりの見識をもっている先生がいるものです。

⑤それでもダメなら校長へ

こうした段階を踏んでもダメなら、そのときは校長先生に連絡をしましょう。

校長先生に連絡をすると、さすがになんとかそこで食い止めようとすることが多いです。日本の学校は、学校の問題はできるだけ、学校の中で解決しようとする慣習をもっています。学校で解決できずに、教育委員会まで話がいってしまうのは「学校の恥」という意識をもっている先生も少なくありません。

したがって、校長先生にこまめに相談をして、学校全体で、全力で解決に当たってもらうといいでしょう。

⑥教育委員会への連絡は最終手段

学校があまり動いてくれないなら教育委員会に連絡するということも考えられなくもありません。しかしそれはあくまで、最終手段です。

いきなり教育委員会に連絡をされると、先生方のモチベーションが下がってしまうことが少なくありません。先生たちに全力で問題解決に当たってほしいのであれば、いきなり教育委員会に連絡をするのは、むしろマイナスにしか作用しません。

また、保護者の方に知っておいてほしいのは、**教育委員会の職員といえども、「元はといえば同じ地域の教員仲間」**であるということです。学校の教員が教育委員会の職員になり、そこで実績を積んで出世し、また学校現場に戻ってくるのです。つまり教育委員会の職員と学校の教員は、「かつての同僚」であったり、「またいつか同僚になるかもしれない仲間」なのです。

テレビドラマなどで、「教育委員会に言うぞ！」と保護者が教師を脅す場面を見たことがあるかもしれません。けれども教育委員会に言ったところで、しょせん、元の同僚に連絡をするのとほとんど変わらないのです。それではむしろ、校長をはじめ学校の先生たちを不快にし、やる気を奪うだけ、ということが多いのです。

⑦「録音させてもらいます」は解決を遅らせる

保護者の方が「教師との話し合いを録音しよう」とする場面があります。

結論から言うと、これは決して得策ではありません。

録音を始めると、教師の多くは言葉少なになります。言質を取られることばかり気になってしまって、自由な話し合いができなくなります。結局、本音での交流が少なくなり、いじめ問題の解決が遅れてしまうことになりがちです。

もちろん、いじめについての記録を付けておくことは重要です。「何月何日に、子どもがどういうことをされたのか」など具体的に記録をとっておくことはとても重要です。

そうした事実について、学校側も記録をとっておく必要があります。

もし教師と保護者の会話を録音したいのであれば、保護者のほうから「お願い」をして、「できれば学校のほうで今日の会話を録音していただけませんか」と伝えるのがいいでしょう。そうすると、「教師の失言の証拠を保護者が残そうとしているのではないか」というおそれが減じて、教師のほうも問題の解決に向けて自由に話し合いができるようになります。「単なる事実の記録」として学校側に録音をしてもらうよう依頼をするのです。

新型コロナがもたらした「学校適応・不適応の逆転現象」

私が大学で行うある授業は300人以上が受講しています。私が勤務する大学では100人以上のライブ授業は推奨されておらず、受講者の多い大規模授業では、あらかじめ録画された動画を配信する形式による、オンデマンド型の授業が中心となっています。

私は、大人数でもアクティブラーニング型の授業を行うことを、20年以上も前から行ってきました。しかし、さすがに2020年度は授業スタイルの大幅な変更を余儀なくされています。

学校教育は、新型コロナウイルスによって大きなダメージを受けました。とりわけ大きなダメージを受けているのが大学教育、中でも実習を必要とするような領域です。

もちろん小中学校も大きな変化を余儀なくされています。

たとえば、給食は子どもたちにとって、輪になって和気あいあいと話ができる貴重な場でした。しかし今は、子どもたちは輪になることなく、給食中の会話は禁止され、前を向いて黙々と食べています。

合唱は、子ども集団に一体感を生み、「共同体感覚」を譲渡する重要な機会でしたが、これも今はほとんどできず、体育館や校庭といった広い空間で1曲のみ5分だけ、という限定つきで行われていたりします。

同様に運動会も「密」を回避するために、さまざまな工夫を加えて行われています。学年別に行ったり、徒競走といった個人種目だけになり、たとえば大玉転がしといった集団競技は禁じられ、ひとりで大玉を転がす、というルールに変更を余儀なくされています。

また部活動はことごとく希薄化され、バスケットボールなどの集団競技、柔道やレスリングなどの身体接触を伴う部活動、合唱や吹奏楽などの活動はほぼ壊滅的な影響を受けています。私の知っている学校のレスリング部では、なんと、スパーリングはエアーで、という何とも笑えない状態で行うことになっています。

総じて、**「一体感」や「人間関係」を軸とする活動が「密」として回避されている**のです。このことは、子どもたちのメンタルヘルスに逆転現象をもたらしています。「人間関係」や「一体感」を求めていた、従来の学校生活に適応的であった活発な子どもたちが不適応になり、不登校になっているのです。

一方でこれまで学校に不適応気味であり、不適応傾向のあった子どもたちが従来よりも適応的になっています。学級の3分の1ずつが通う、といった分散登校の時期に「小集団だったら通える」と判断した不登校の子どもたちが登校し始めたのです。

新型コロナウイルスの感染拡大に伴い、学校は「密」、すなわち「一体感」や「濃密な人間関係」といった従来の活動の希薄化を余儀なくされました。結果、学校に不適応気味であった子どもたちが適応的になり、学校に適応的であった子どもたちが不適応的になるという**「学校適応・不適応の予期せぬ逆転現象」**が起きつつあるのです。

不登校だった子どもたちが学校に通えるようになり、元気よく通えていた子どもたちの中から通えなくなった子どもたちが出てきています。

不登校の数は、プラスマイナス・ゼロで変わらず、といった感じの学校が多いようですが、その実、こうした興味深い「学校適応・不適応における逆転現象」が起きつつあることには着目しておいていいのではないでしょうか。

コロナ禍における生徒の悩みの変化

大学や小中学校に比べれば、私がスクールカウンセラーとして勤務している公立高校の生徒たちは、普段とあまり変わらないように見えます。

もちろんマスクはしているし、できるだけ密にならないような仕方でさまざまな行事も行われていますが、大学生のような、全くキャンパスライフが送れないといった大きなダメージは受けていません。

わかりやすく言えば、校舎内で男子生徒同士がじゃれあっているという、いつもの風景が見られるのです。男子生徒に「密を避けよ」と言っても、どうしてもスキンシップをしてしまうようで、一見すると、マスクをつけていなければ普段と何ら変わらない学校生活を送っているかのようです。

しかしながらこれは、あくまでも外からパッと見たマジョリティの生徒たちの様子です。スクールカウンセリングに訪れる一人ひとりの生徒の内面に関心を向けてみると、やはり大きなダメージを受けていると言わざるをえません。

増えたのは、たとえば次のような悩みです。

①家族へのコロナ感染の不安

ある生徒は、学校に通いつつも、コロナウイルスに感染して家族にうつしてしまっては大変だという大きな不安を抱えています。

②ゲーム依存による昼夜逆転から不登校へ

突然訪れた長い休校によって不登校になった生徒もいます。

新型コロナウイルスによって訪れた突然の全国レベルの休校は、いわば、集団的な「強制的不登校状態」です。日本の子ども全員が一気に不登校の子どもと同じような生活を送るよう強いられたのです。

突然訪れた長い休校期間のあとに突然、「学校に行きなさい」と言われても、なかなか行けるものではありません。生活リズムが変わってしまっているのです。

ある生徒は、休校期間が終わって学校に通い始めたものの、生活リズムが戻らずに不登校になってしまいました。昼夜逆転の生活がもとに戻らないというのです。そのきっかけはゲーム依存です。その生徒は、「このウイルスさえなければ、僕は不登校になってはいなかった……」と語ります。

「コロナで生活リズムが完全に狂ってしまったために、僕はゲーム依存になって、学校にも行けず、廃人のような生活を送ることになってしまいました。高校は退学することになると思います。親は別の学校にも行かせてくれないでしょうから。かといって、就職する気にもならず、本当に戸惑ってしまいます」

彼のように、在宅の時間が多くなり、ゲームに依存する生徒は確実に増えてしまいました。これは当然の成り行きであり、いたしかたないことでもあります。

しかし、私の知る範囲では、2020年7月の時点では、心配するほどの不登校の急激な増加は見られませんでした。休校期間のあとに分散登校が行われ、遅刻や早退についてもかなり大目に見ていた地域も少なくないようです。これが功を奏したのでしょう。

③安堵する不登校だった子どもたち

一方、安らぎを得たのは、以前から不登校だった子どもたちです。

「これまでは毎日自分を責める日々が続いていました。みんなは学校に行って勉強しているのに、僕だけ学校に行くことができない。なんてダメな自分なんだと自分を責め続けていました。けれども今は、みんな学校に行っていない。前みたいに自分を責めることがなくなりました。いっそこのまま、この状態がいつまでも続いてくれればいいなと思います」

コロナ感染以降、以前から不登校状態にあった子どもたちの、こういった訴えを耳にしたスクールカウンセラーは少なくないはずです。

④在宅時間の急増による家族間の不和と児童虐待

私の見るところ、この心配は予想よりも少ないようです。家族が一緒に過ごす時間の急増に伴うストレスによる「コロナ離婚」も心配されてはいましたが、前年同月比では、むしろ離婚件数は減少しているようです。普段よりも時間的に余裕のある生活を送れたことで、家族との人間関係が良くなった、という人のほうが多いようです。

しかしながら、従来の多忙な通勤生活により家族がほとんど家にいないことで、精神的な均衡をなんとか保っていた、という人ももちろん一定数はいます。たとえば、「**子どもといる時間が長すぎて、どうしてもイライラしてしまった**」と緊急事態宣言解除後の相談室で訴える母親がいました。

「長時間、子どもや夫と一緒にいることを強いられたら、どうしてもイライラしてしまいます。普段から仕事と子育て、家事でいっぱいいっぱいで、自分の時間をつくるのに本当に苦労していたんです。

でも、夫や子どもたちが家にいると、自分の時間というものを全くもつことができませんでした。なんだか、24時間勤務の家政婦として雇われたような感じで……。本当にストレスが溜まって仕方ありません」

こうした不満をもった母親は少なくないでしょう。

ステイホームを強いられ、家族と一緒に過ごす時間が強制的に増えていく中で、関係がギスギスしてしまい、かえって家族の人間関係が悪化してしまった、というケースも少なくないでしょう。

「不登校の予防と対応」ミニ・マニュアル
――教師、親、スクールカウンセラーで取り組む

学校において年々増加している問題のひとつが「不登校」です。

文部科学省の発表によると、２０１８年度の小中学校における不登校の子どもの数は16

万4528人（前年度14万4031人）で、過去5年間、増加傾向にあります。

具体的には、不登校の子どもの割合は、2013年度は小学校276人に1人、中学校37人に1人だったのが、2018年には**小学校144人に1人、中学校27人に1人**に増えています。しかも、**不登校の約6割が90日以上欠席**しているという憂慮すべき状況です。

不登校の子どもへの対応に困っている先生、保護者は少なくありません。いじめのような明確なきっかけがなくても不登校になる子どもが増えています。

中学校になると、クラスに1人や2人、不登校の生徒がいるのが一般的です。

いったん1〜2年も学校に通わない不登校になると、学校に戻るのはそう簡単なことではありません。

「不登校が出たらどう対応するか」ということも大事ですが、それ以上に、「**不登校の子どもが出るのをどうやったら予防することができるか**」がより重要になってきます。

予防のためには、子どもが不登校になりやすい時期を知っておくのも有効です。**子どもが学校を休みやすい時期のひとつは、ゴールデンウイーク明けの5月中旬から下旬にかけてです。**

もうひとつは、**2学期最初のイベント、たとえば9月下旬の運動会、体育祭や文化祭の**

あとなどです。

5月に不登校になる子は、新学期が始まってから「どうもうまくいかないな」という違和感を抱えていたはずです。その気持ちが蓄積されていって行動となって現れるのがゴールデンウィークのあとです。休みの日が続き、いざ登校となって「もう無理」「行けない」となってしまいがちなのです。

夏休み明け、9月のイベントのあとに不登校になる子もいます。夏休み明けは頑張っていても、大きな行事が終わると同時に、どっと疲れが押し寄せてきて、「エネルギーゼロの状態」になって、学校に来られなくなってしまうのです。

5月に不登校になる理由

ここでは、5月の不登校について考えてみます。

5月に不登校になる子の多くは、4月の時点で、全く友達がいないわけではありません。けれども、「安心できる友人関係」や「あいつがいるからクラスに行くのが楽しい」と思えるほどの友達はいません。

そのため、4月中はずっとクラスとつながっているような、いないような中途半端な感じでいます。そんな気持ちのまま連休に突入し、家で過ごす時間が増えていきます。

休み中にずっと部屋でゲームをし続けるなどして、家でひたすらゴロゴロしてしまうと、連休明けに「動こうと思っても、動けない状態」になってしまいます。休んでゴロゴロしていることに「身体が」慣れてしまうのです。

もし**子どもが休み始めてしまったら、「休みは3日までにする」ことが鉄則**です。それ以上休むと身体がゴロゴロしてしまうのに慣れてしまい、「動こうとしても動けない身体」「頭では学校に行かなくちゃと思うのに学校に行けない身体」になってしまうのです。

5月の不登校を予防する「エンカウンター」のエクササイズ

5月の不登校を予防するためには、4月のスタート時点で、クラスの中で「この子がいると落ち着く」「この子がいればなんとかやっていける」と思えるような友達をすべての子どもがひとりでも見つけておくことです。

教師はその「ひとりでも安心していられる友達づくり」の援助をする必要があります。

こうした関係づくりの手法として、学校で用いられている方法のひとつがエンカウンター（構成的グループエンカウンター）です。

ここでは、そのためのエクササイズをいくつか紹介しましょう。

①なんでもバスケット

ゴールデンウイーク直前や登校日に行うならば、ゲーム性が高いものがよいでしょう。「なんでもバスケット」は「フルーツバスケット」の「なんでも」バージョンです。たとえば「毎日夜、12時過ぎまで起きている人」「バナナが大好きな人」などと言うと、それに当たる人が席を立って移動するエクササイズです。

「うちのクラスは和気あいあいとしているな」と感じてもらえたら、成功です。

②サイコロトーキング

ゴールデンウイーク明けは、「お疲れモード」の子どもも多いものです。そこで、テンションを上げすぎない「サイコロトーキング」がよいでしょう。1の目が出たら「最近、楽しかったこと」、2の目が出たら「最近、おいしかったもの」、3の目が出たら「最近、おもしろかったテレビ」など、誰でも答えられるような項目を6つ用意しておきます。

4の目が出たら「好きな音楽・歌」、5の目が出たら「ゴールデンウイーク1番の思い出」、6の目が出たら「ゴールデンウイーク2番目の思い出」などがいいでしょう。

間違っても入れてはいけないのは、「頑張りたい教科」「今年中に成し遂げたいこと」などです。これでは敷居が高くなってしまい、楽しい雰囲気になりにくいのです。かえって追い込まれてしまう子も出るでしょう。誰もが安心してリラックスして答えられそうな抵抗感の少ないものを選びましょう。どの子どもでも安心して話せるようにするのです。

1回サイコロを回して話をしたら、グループの人は大きな拍手をし、次の人にサイコロを渡します。**拍手を多用しながらあたたかい雰囲気づくり**を進めていきたいものです。

大切なのは、子どもたちにさせる前にまず先生自身がサイコロをふって、出た目の項目についてノリノリで話をすることです（お手本、デモンストレーションです）。

たとえば、2の目が出たら「先生の好きな食べ物は、ズバリ駅前のラーメン屋さん！　○○屋さんのラーメンがたまりません。ほんと、おいしいの。今日も行っちゃおうかなあ」と先生が楽しんで話をするのを見ることで、子どもたち自身も話しやすくなります。

「このクラスは楽しいな」「みんなといれば大丈夫」と思えるクラスができれば、不登校予防になります。

不登校を防ぐ初期対応の鉄則「欠席は3日以内」

不登校について、教師がいくら「みんなが安心できる学級づくり」に努めたとしても、学校に来られなくなる子、休みがちな子は出てきます。

その「初期対応の鉄則」として、先生や保護者に知っておいていただきたい最大のポイントが**「欠席は3日以内にすること」**です。

学校を連続して休むのは3日を上限とすること。これが、「不登校の傾向がある子ども」を「本格的な不登校の子ども」にしてしまわないための初期対応の最大のポイントです。

なぜでしょうか。

たとえば、火曜日に休みはじめて、子どもが「お腹が痛い」「頭が痛い」と訴えています。やさしい親は「身体の調子が悪いんだな」としばらく休ませようとします。

しかし、一般的に頭痛や腹痛で休むのはせいぜい2日程度ではないでしょうか。身体の不調を訴えて学校を休む場合も、それが3日続いてしまうと不登校につながってしまうことが多いのです。

子どもは「学校に行きたくない」という自分の気持ちを、なかなか言葉で表現することができません。そのようなときその気持ちは、しばしば「症状化」します。学校に行きたくないという気持ちが、身体の症状として現れるのです。

「お腹が痛い」「頭が痛い」と訴えて、学校を休み始め、それが火曜日から木曜日まで3日続いたとしましょう。翌日の金曜日には、ぜひ学校に行かせてほしいのです。それが子どもを本格的な不登校にさせないための鉄則です。

そこで金曜日も休んでしまうと、そのあとの土日も休みになります。すると火曜から日曜まで6日間休んだことになります。6日間ひとりでゴロゴロしていると身体がだるくなってしまって、翌週もまた月曜日から登校しづらくなってしまうことが多いのです。

それが2週間、3週間と続き、いつの間にか数カ月、1年、2年と経っていく。本人も「一体どうしてこうなってしまったんだろう」「ワケわからない」と思っている。これが多くの不登校の実態です。

1週間休むと大人も子どももだるくてしんどい

考えてみてください。私たち大人でも、1週間ほど何もせずに家でただ寝転がっていてみてください。次の日会社に出勤するのは、相当に身体がだるくてしんどいのではないでしょうか。それでも私たちがなんとか出勤できるのは、そうしないと給与がもらえなくなって生活が成り立たなくなるからです。

しかし、子どもたちには、給与も関係なければ、生活に支障も出ません。休んだところで「失うものがない」のです。そこで歯止めがきかずに、つい1週間休んだら、それが10日になり、いつの間にか3週間になり、1カ月になる。気づいたら本格的な不登校になって、2～3カ月も家からほぼ一歩も出ていない。そんな状況に陥ってしまいかねません。

不登校の最初のきっかけは、友達とのトラブルだったり、先生への不信感だったり、いろいろです。けれどもこれは単なる「きっかけ」です。不登校の「原因」とは異なります。最初、友達とトラブルがあって、学校を1日、2日休んだ時点では、本人もまさか1年も2年も学校に行けなくなるとは思いもよらなかったのです。

では、不登校の「原因」は何か。それは「身体の変容」です。「学校に行けなくなる身体」「動けない身体」になってしまうことです。そのスタートは「4日以上、学校を休むこと」。これは大きなターニングポイントです。

4日休むと、それはあっという間に1週間になり、2週間になっていきます。

子どもが不調を訴えても、連続して休むのは3日で止めること。これが子どもの身体を

いわば**「学校に行きたくても行けない身体」**にさせないための最大のポイントです。

「欠席3日目夕方の家庭訪問」で不登校が4割減

「4日以上連続の欠席が長期的な不登校につながる」——これが30年間、不登校のカウンセリングをしてきた私の持論です。

すると、勝負は休みはじめ3日目の夕方になります。「休みはじめて3日目の夕方」に、誰が、どのような形で家庭訪問するか、が勝負の分かれ目になります。

これを最初に制度化したのが、栃木県鹿沼市の教育委員会です。

鹿沼市では理由に関係なく（病欠であれなんであれ）3日連続休んだら、教育委員会の不登校対策専門の家庭訪問相談員が訪問するようにしました。

これを数年続けたところ、なんと小学校の不登校が4割も減少したのです！

「理由に関係なく」訪問するというのがポイントです。

通常は、「お腹が痛くて3日休む」「頭が痛くて3日休む」というのは病欠とカウントされます。学校側は、病欠をなぜ教育委員会に報告して家庭訪問しなくてはいけないのか、抵抗感があるかもしれません。

けれども、鹿沼市教育委員会では、どんな理由であれ欠席が3日続いたら教育委員会に連絡することを義務づけ、システム化しました。「休んで3日目の夕方に専門家が家庭訪問する」というシステムを制度化して実践し、不登校を4割減らすという成果を上げたわけです。

子どもたちが「頭が痛い」「お腹が痛い」という理由で、3日連続休むことが不登校のスタート時点で最もよく見られる現象です。

3日休んだ翌日には学校に来るように働きかけ、もしダメでもその翌日は学校に来るように働きかけることで、初期に不登校を防ぐことができるのです。

お願いしたいのは、**3日連続で休んだら欠席の理由に関係なくその日の夕方に適任者が家庭訪問**をすることを、学校の教育相談としてシステム化することです。

訪問するのは担任の先生でないほうがよいことも多いです。その子が仲良くしている先生とか、その子が好きな先生、元担任で関係が良かった先生など、その子と関係がついている先生が訪問するのです。

私は、「休み始めて3日目夕方の家庭訪問」が、これからの不登校の初期対応のスタンダードになっていくと思っています。

読者の方のお子さんに不登校の傾向がある場合には、この本を学校の先生やスクールカウンセラーに見せて、４日連続の欠席を食い止めるように、協力を依頼してみるのもいいでしょう。

不登校の「原因」と「きっかけ」を区別する

不登校の「きっかけ」と不登校の「原因」を区別することも、大事なポイントになります。最初のきっかけは友達とうまくいかなかったり、悪口を言われたり、先生から厳しく叱られたことであることが多いものです。しかし、学校を休み続けているうちに、不登校の理由が別のものに変化していくのです。

友達とのトラブルや担任の先生とのトラブルをきっかけに何年も学校に行けなくなっている場合、学校に行けない真の原因は多くの場合、「身体が学校に行かない生活になじんでしまっている」ことです。「身体感覚」と「生活空間」は不可分です。「その子の安心できる生活空間」が半径５００m以内に狭まってしまっている不登校の子どもは少なくありません。気持ちの問題というよりも、「身体感覚の変容」の問題です。

身体が「学校に行かずに家でゴロゴロしていること」にいったんなじんでしまう。するとその状態から脱するのはなかなか難しいのです。

友達の目も気になります。3週間も学校を休んだあとで学校に行くと「しばらくだな」「どうして来なかったの?」などとあれこれ友達から言われる。その場面を想像して、ますます行けなくなってしまうのです。

こうして、**「学校にしばらく行っていないこと」そのものが理由になって、ますます学校に行けなくなってしまう**のです。多くの不登校にはこういう悪循環があります。

これを初期で食い止めることが大事です。そのためのターニングポイントは、欠席を3日以内にとどまらせること。理由に関係なく、4日連続の欠席をさせないことに尽きます。

不登校の4つのタイプ「燃え尽き型」「対人恐怖型」「エネルギー低下型」「混合型」

文部科学省では、不登校について「年間30日以上の欠席（病欠や経済的な事情を除く）」と定義しています。

私は、**不登校は4つのタイプに分類される**と考えています。

まず1つ目は「**燃え尽き型**」です。

このタイプの子は、具体的な理由がある場合が多いです。友達とトラブルになった、部活で頑張ったけれどレギュラーから外された、受験で頑張って燃え尽きたなど……具体的な理由があるこのタイプの子はもともとエネルギーが高く活動的なので、周囲があたたかく見守って待っていれば、エネルギーが回復して自発的に登校し始めるケースが多いです。

エネルギーが溜まってきたら「そろそろ私、学校に行く」と言い始めるでしょう。対処法としては、エネルギーが溜まっていくのを「待つ」ことが大切です。

2つ目が「**対人恐怖型**」です。もともと人とかかわるのが苦手で、人が怖いタイプです。いわば、古典的な不登校タイプです。対人恐怖型はわりと休みが長期化しやすいのですが、下手に登校刺激を与えずに、「ゆっくり待つこと」が肝要です。人とのかかわりが苦手で、こだわりが強いことも多いので、ていねいにカウンセリングをしながらゆっくりとこだわりをほぐしていきます。そうしながら気持ちが登校に傾いていくのを待つことが大切です。

3つ目のタイプが、最近最も増えている「**エネルギー低下型**」です。エネルギーそのものが低くて、学校に行けなくなっています。

私は不登校の子どもに、「学校に行かなくてはいけないとは思っているのかなあ?」とやさしく問いかけることがよくあります。すると「うーん、わかんない……」と言葉少なに返ってくるだけの子どもがいます。身体をクニャクニャしながらモジモジしているだけの子もいます。これが「エネルギー低下型」です。

古典的な「対人恐怖型」(神経症型)の子が「学校に行きたいと思っているのに行けない」と葛藤しているのに対して、**「エネルギー低下型」の子は、もともと「学校に行かなくてはいけない」と自分が思っているかどうか、自分でも不確か**なのです。

「燃え尽き型」「対人恐怖型」は「あたたかく見守りながら待つ」ことが対応の基本ですが、「エネルギー低下型」の子は待つことをベースにしても全く動かないことが少なくありません。こちらから誘いかけるなどの「登校刺激」を与えていく必要があります。

4つ目が「**混合型**」です。

ある子どもは昼からゲームセンターで遊んで、周囲からは「なまけているだけだろう」「怠学だ」と思われがちです。けれども先生や親が登校刺激を与えたら、ビクビクとおびえたような反応をすることがあります。一見、非行傾向のある子どもに見られがちですが、丁寧にかかわっていると「エネルギー低下型」と「対人恐怖型」の混合タイプであることがわかります。強引な働きかけは逆効果です。

「どうして学校に行かなくてはいけないの？」とたずねられたら

不登校の子どもの多くは、学校に行けなくなっている自分の現状をよしとしているわけではありません。多くの場合、自分でも自分のことがどうにもならない。自分でもどうして自分が学校に行けないのかわからない。自分をもてあましてしまっているのです。するとふと親や教師にこう聞きたくなるのです。

「一体どうして学校に行かなくてはいけないの？」と。

このとき、親として、教師として、どう答えればいいのでしょうか。

私もスクールカウンセラーとして、不登校の傾向のある子どもたちから同じような質問をされることがあります。

残念ながら「これがベストだ」と言えるような回答があるわけではありません。とりあえず私は「学校に行くのは、大人になって社会で働くための練習だよ」と答えています。

数学の公式は、社会人になれば使わないかもしれない。歴史の登場人物も、働くのに必要ではないかもしれない。けれども、**毎日勤務地に行って、同じ人間関係の中、同じ集団の中で一定の時間を過ごすこと。これは今のところ、多くの人間が労働するための必要条件だからです。**その「練習のため」に学校に行っているのだ――とりあえず私はそう答えます。コロナをきっかけにこれから在宅勤務をする職場も増えていくことでしょう。しかし現時点では「在宅のみ」でOKという職場はまだ少数派です。

ここで重要なことは、子どもたちもおそらく納得のいく答えを得ることはできないと思いながらもそうたずねている、ということをわかっておくことです。

できれば学校に行きたい、けれども行けない。そういった気持ちを抱えながら、ふとつぶやきたくなった言葉であるわけです。

子どもの問いに正しく答えることよりも、そう問いたくなった子どもの「気持ち」を受け止めることのほうが、より重要なのです。

「こんなに毎日つらい気持ちを抱えながら、どうしてそれでも学校に行こうとしなくてはいけないのか。そもそも学校ってそんなに必要なものなのか」

そうした気持ちの表現として、この問いが発せられているということを理解しておくことが重要です。決してむきになって、子どもを論破しようなどとはしないでください。

思うようにならない現状を抱えきれなくなった「子どもの心の発露」だということを理解して、その気持ちに寄り添うことが重要です。

「よくわからない」が子どもの本音

不登校には具体的な理由がない場合も少なくありません。親が「どうして学校に行きたくないの？」と聞いても、「よくわからない」「自分でもわからない……」こんなふうに子どもが答えることも少なくありません。

多くの親はこのとき、「私の子どもは、本当のことを話してくれない。本音を打ち明けてくれないんです」と言います。

しかしそうではないのです。小学校高学年から中学生、高校1年生ぐらいにかけての思春期真っただ中の子どもたちは、いわば子どもでもない、大人でもない、形のはっきりしないアメーバのような存在です。**「自分でも自分の気持ちがよくわからない」のが、思春期の子どもたちの普通の状態**です。

子どもの気持ちをたずねても「わからない」と言う。これは子どもたちのまぎれもない

「本音」なのです。このことをよく押さえておきましょう。

このときに親が「どうして本当のことを言ってくれないの？」と迫ってしまうと、子どものほうとしてはますます困惑し追いつめられていくだけです。

まずは**「わからない」という子どもの気持ちを尊重**しましょう。

「そっか……どうして学校に行きたくないのか、自分でもよくわからないんだね」

そのように言って、子どもの「学校に行きたくないという気持ち」をそのまま受け止めてあげてほしいのです。

子どもの気持ちを受け止めていくことが大切なのはよくわかる。話を聞くのが大切なこともよくわかる。でも子どもはやっぱり学校に行きたがらない。そのようなときにどのような言葉がけをすればいいか。「学校に行きなさい」と言ったほうがいいのか、「行きなさい」とは言わないほうがいいのか、そこで迷われる方も多いと思います。

子どもが学校に行きたくないと初めて言い始めた場合、まずその子の学校に行きたくない気持ちを受け止めてあげましょう。「そっか、行きたくないんだね」と。そして、2、3時間して落ち着いたあとで一言、「じゃあそろそろ学校行こっか」「やっぱり行けるなら行ってみようか？」と軽く背中を押すような言葉がけをしてあげましょう。

このときに「**どうして学校行けないの!!**」**と親が強く怒鳴るような姿勢で子どもを叱ってしまうと、逆効果になる**ことが少なくありません。

子どもが1年、2年と続く長期にわたる不登校になってしまったケースでは、子どもが学校に行きたくないと言い始めた最初の時点で、親が罵声を浴びせたり、力ずくで引っ張ったりして、あまりにも強引に学校に行かせようとしていた場合が少なくないのです。

けれども子どもが「学校に行きたくない」と言い始めたときに、最初から「仕方ないね」と許してしまうのも不自然です。子どもの気持ちが落ち着いているときに、「**やっぱり学校は行ったほうがいいと思うよ**」**とやさしく、促してみるのが基本的な対応**だと思います。

「ひとりでいる」ことで成長していく子もいる

スクールカウンセラーとして多くの不登校の子どもたちと会っていると、時折、「不登校になるべくしてなった」と感じられるような子もいます。ひとりで過ごし、絵を描いたり文章を書いたりすることで、自らの内面世界を充実させ、成長していくタイプの子です。

以前、私のかかわったある不登校のお子さんは、親や教師から「友達をつくりなさい」と言われるから、できるだけ友達と遊ぶようにはしているけれども、そのときは周りに合わせているだけで、実はあまり楽しくないし、疲れるだけ。ひとりで本を読んだり、絵や文章を書いたりしている時間のほうが、ずっと充実しているのだと語っていました。

こういう子どもは、学校に行かず、毎日ひとりで過ごしている状況を、それほど苦痛に思っていません。

クラスの雰囲気がとても元気でガヤガヤしているから、ついていけない。そんな中でみんなに合わせて遊んでいると疲れてしまう。「だったら、ひとりのほうがいい」と思う子もいるでしょう。

その子は充実した「ひとりの時間」を過ごしています。不登校になることで、より豊かで独創的な内面世界を発展させ、想像力や創造性をはたらかせながら、確実に成長しているのです。

こういう子に対して、「ひとりぼっちでいるなんて不びんだ」という思い込みで、ほかの子と無理にかかわらせないようにしましょう。その子の心が追いつめられていくだけです。

「聞く力のトレーニング」で友達の輪に入る

保健室登校をしていたある中学2年生の女の子は、「私はとてもつまらない人間で、話がおもしろくない。だから友達ができないのだ」と語っていました。

しかし、人間関係をうまく結ぶために必要なのは、「話す力」ばかりではありません。本当に必要なのは、むしろ「聞く力」です。誰しも「話を聞いてほしい」「わかってほしい」という欲求をもっているからです。

私は彼女に「おもしろい話ができなくても友達はできるよ。多くの人はむしろ話を聞いてほしいものだよ。みんな、しゃべりたいから聞いてもらうとうれしいんだ。〝聞き上手〟になれば友達はできるよ！」と伝えました。その上で、「聞く力」のソーシャル・スキルトレーニングをしたのです。

たとえば、私と養護教諭の2人が話をしているときに「GOサイン」を出して輪の中に入ってきてもらいます。私たち2人の話に調子を合わせて、「ふうん、そうなんだ」「へえ、それいいね」と聞き手に回って、相づちを打つ練習をしてもらいます。そうすることで、何もおもしろい話はできなくても、ほかの人と次第に歩調を合わせられることを、体験的に学んでもらったのです。

変化を見逃さずに、気持ちに寄り添う言葉がけを

以前はみんなの輪の中にいたのに、最近ひとりでいる時間が増えて、気になる子がいることがあります。いじめに遭って孤立しているのかもしれません。家庭内のトラブルなどで落ち込んでいて、友達と遊ぶ気になれないのかもしれません。

そうした様子の変化を見逃さず、先生には寄り添う気持ちをもって、声をかけてほしいのです。

「何かあったのかな。もしよかったら話してくれない？」

「最近ひとりでいることが多いけど……」

その子が自分から今の気持ちや状態を話しやすくなるような「誘い水」となる言葉がけ（例：「最近どう？」）があるといいですね。

不登校の子どもに年賀状を出し続けた先生

私は、不登校の子どもを担任した先生に、こんなふうに申し上げることがあります。

「卒業した後も、10年間は年賀状と暑中見舞いを出し続けてください」

ある高校1年生の担任の先生は、その子が高1のあるときから不登校になり、中退をしました。その後どこの学校や会社にもつながることができずにいたことから気になって、担任の先生はその子にその後10年間年賀状を出し続けました。

あるとき、先生のもとへその子のお母さんから連絡がありました。

「あの子、交通事故に遭って亡くなったんです。線香をあげに来てくださいませんか」

手を合わせに行くと、母親からその子の日記を見せてもらいました。

先生はその子とは10年間、一度も会ったことはありません。けれどもその子の日記には家族のこと以外は、その先生のことばかり繰り返し書かれていました。家族以外で唯一、外の世界とつながり続けることができたのが、その先生だったのです。

年に一度、年賀状を出し続ける。それだけでも、この子にとって「この先生がいてくれるから私はこの引きこもり状態から、いつか脱け出すことができる。いつかきっとみんなと一緒に先生に会いに行くことができる」――そう思い、自分の未来を信じさせてくれる存在になっていたのです。

子どもにとって、教師の存在がどれほど大きいか、考えさせられる話だと思います。

不登校の子の卒業式

不登校の子どもの卒業式で、忘れられないエピソードがあります。

不登校の子どもは対人恐怖をもっていることが多く、なかなか友達と顔を合わせることができません。その結果他の子どもたちと一緒に卒業式に出ることができない子が多いのです。あるいは、たとえ出ることはできても、体育館の一番うしろに先生とちょこんと座っている。そんな出席の仕方をすることも少なくありません。

そういった子どもの卒業式をどうやって演出するかは、教師の腕の見せ所です。

かといって、**過剰演出は禁物**です。

ある不登校の子どもは、卒業式の日に先生方全員が列をなして、その中を渡っていく。そして渡りきったところで卒業証書を校長先生からもらう、という演出をしてもらったと語っていました。

先生は善意で張り切ってやったのでしょうが、子どもの側からすると、はた迷惑な過剰演出です。ただでさえ緊張が強く、対人不安が強いこの子は、強いプレッシャーにおののいてしまい、卒業式以降、また完全な引きこもりに戻ってしまったと言います。

ひっそりとあたたかい卒業式を行うことができる先生もいます。

その子どもと本当に仲の良かった2、3人の先生と校長先生だけで校長室であたたかく卒業式を行うのです。親御さんにも出席してもらって、卒業証書を渡す。そんなささやかな演出が不登校の子どもにとってはとてもうれしいのです。「自分もちゃんと卒業式を経験することができた」「ほかの子どもたちと同じように、名前を呼んでもらえて、校長先生から卒業証書を渡してもらえた」。

これが大きな喜びとなり自信となることは少なくありません。

このように**生徒の気持ちに配慮したささやかな演出**ができる。そんな教師を目指したいものです。

子どもが不登校かもしれない。そのとき親はどうすればいい？

小学校高学年から中学生にかけて、学校に行きたがらない子どもが増えています。

そのようなとき、親としてどうすればいいのか。子どもと学校にどうかかわっていけばいいのかわからない。そんな悩みを抱える親御さんは少なくありません。

これまでの私の35年間のカウンセラーとしての経験をもとに、具体的にどうすればよいか、そのポイントをお伝えしたいと思います。

①子どもが「今日は学校に行けない」と言ったら

子どもが最近学校に行きたがらない。このようなときに親として落ち着いた気持ちでいられなくなるのは当然です。

子どもが学校に行かなくなるという出来事は、ごく当たり前の日常に突然亀裂が入る、大きな危機的な出来事です。特に働いている親の場合、子どもが学校に行かずに家にいるのに自分は働きに出なくてはいけない。子どものことが気になって仕方ないと思います。

そもそもなぜ学校に行かなくなったのか、その理由もよくわからない。そんな混乱した状態のまま、とりあえず学校に電話をして、「今日は欠席です」と伝える——。

このとき平常心でいてほしいのは山々なのですが、それができる親御さんはほとんどおられません。

「どうして学校に行ってくれないの？　一体どうして？」

頭の中が「？？？？？」となっていって当然です。

このようなとき、親としては「きっと学校で何かがあったに違いない」「もしかしたらいじめられているのかもしれない」そう思うのは自然です。

まず電話で担任の先生に「学校で何かあったんでしょうか？」とたずねることが多いでしょう。

しかし担任の先生からは、「学校でいじめられている様子もなく、特に具体的な理由はわからない」と言われることが少なくありません。そうすると親としてはますますパニックになってしまいます。このようなとき、一体どうすればいいのでしょうか。

②子どもの話を聞く

まずすべきことは、お子さんの気持ちにていねいに耳を傾けることです。

不登校には、学校での友達とのトラブルのような「具体的な理由のある不登校」と、「具体的な理由はない不登校」の2種類があります。

そして具体的な理由がある場合でも、学校の先生は気づいていないことがしばしばあります。このときに問われるのが、親と子の普段の関係です。

「お母さんにはなんでも言える」

「お父さんは信頼できる。話せばきっとわかってもらえる」

こういう関係があれば、「実はクラスのA君が最近私のことをいつも無視して……」というように、学校に行きたくない具体的な理由を語ってくれるかもしれません。

このようなときには、まずは担任の教師、そしてスクールカウンセラーの両者に連絡を取ってみるのが一番だと思います。クラスの様子は担任の教師でなければわかりませんし、対応もできません。同時にスクールカウンセラーにも予約をして面接をすることをお勧めします。親として子どもにどう接すればいいか、理解を深めることができますし、担任の教師のかかわりに偏りがあったり、あまりていねいに対応してくれない場合に、それを学校の教育相談全体の中で調整していく機能を果たすこともしばしばあるからです。

学校には教育相談部会という部会があります。この部会では絶えず、不登校の子どもについての情報共有をしています。この部会には、スクールカウンセラーも出席していて専門家として助言します。この部会で基本的な対応の方針が検討されます。担任教師による偏ったかかわりを防ぐことができます。

③三者で「作戦会議」の場をもつ

次にすべきことは、具体的な理由のある不登校であれ、具体的な理由のない不登校であれ、親と担任の先生、そしてスクールカウンセラーの三者で、今後の方針についての具体的な作戦会議（コンサルテーション）を行うことです。

これをできるだけ早い時期にもつことを私としてはお勧めしたいと思います。

親には親の方針があり、担任の先生には担任の先生の方針がある。スクールカウンセラーにはスクールカウンセラーの方針がある。このような三者三様のバラバラな対応ではなかなかうまくいきません。

このことを鑑みて、今学校では「**チーム学校**」と言って、子どもの問題にチームで取り組むべきだという考え方が強くなっています。

その中でも、子どもの心の問題については、「**チーム支援**」が強く求められます。できるだけ早い時期に、親、学級担任をはじめとした学校の先生、スクールカウンセラーの三者が一堂に集まって、今後それぞれがどうやっていけばいいのか、チームとしてどうかかわっていくか、作戦会議を行うのです。

これからはおそらく、子どもが学校に行きたがらなくなった初期に、どの学校でも「**保護者、教師、スクールカウンセラーを交えたチーム会議**」を行う。これが常識になっていくと思います。まだそうした話し合いがなされていない場合には、できるだけ早くこうした「作戦会議の場」をもつといいと思います。

④具体的な理由がある場合は、解決に向けて支援を行う

この話し合いの中で、子どもが学校に行きたくない具体的な理由が明らかになった場合には、当然のことながら、その解決に向けて取り組んでいきます。

いじめがあった場合には、学校に報告することによって、7割から8割の問題が解決しています。

子どもの不登校には、そのほかにも友人関係のトラブル、勉強についていけないこと、発達上の特徴などさまざまな要因が複合的に関係してきます。最近はスマートフォンを持つ子どもが増えたことから、LINEでの友達とのトラブルが多くなっています。そのほかにもさまざまな要因が複合的に絡んでいます。

授業に出ていても全くわからない、それが苦痛で学校に行きたくないということも少なくありません。当然といえば当然です。私たち大人も、全く意味がわからない場所に、毎日6時間も詰め込まれていては、精神的に相当まいってしまいます。意味が全くわからない会議に、毎日朝8時から午後3時までいなくてはならない。すると精神的にまいってしまって、会社に行きたくなくなっても仕方ないでしょう。

それと同じような状態に、勉強が全くわからない子どもたちは置かれているのです。不登校になるのも無理はありません。

そのような場合、**学校の授業の進度と違っても、子どもが自分の進度に合った自分のペースで取り組むことができるプリントを1枚渡すといった、ほんの少しの工夫**を親と教師がすることで苦痛がだいぶやわらぐことも少なくありません。

友人関係のトラブルが具体的に見つかった場合にも、教師が間に入ることで解決に導かれることが少なくありません。

勉強がわからない、友達との関係もうまくいっていない、教室にいるのがつらい、という訴えが子どもからなされることもあります。こうした場合には、多くの学校で、「別室」を用意します。教室に入ることができない子どもが、今はどこの学校でも数名はいるものです。そういった子どもたちが「別室」に通って自分のペースでできるプリントに取り組む。教育相談の心得がある先生が中心になってその教室の担当になり、子どもたちをケアする。そうした「別室」に通うことで完全な不登校にならずにすむ子どももいます。

教師とカウンセラー、保護者とで一緒に、こまめに作戦会議の場をもつ。これが何より大切です。

第4章

保護者と学校のより良い関係

「保護者対応＝クレーム」？

学校の先生方にとって、保護者や地域の方からのクレーム対応もまた、悩ましい問題です。私が見る限り、**教師が休職する直接の引き金のひとつになっているのは、保護者からのクレーム**です。

しかも、保護者からのクレームは長引くことが多いのです。

「クラスをもつたびに、保護者からクレームがつかなかった覚えがない」

「保護者対応にすっかり自信をなくしている」

そんなふうに保護者に苦手意識をもっている先生は、特に若手の先生にとても多いです。

若い先生には信じられないかもしれませんが、かつては遠足や運動会のあとは保護者から感謝の電話がたくさんかかってきていました。

「先生、ありがとうございました。うちの子、すごく楽しかったと言っています」と。

最近は、校外学習のあとの保護者からの連絡といえば「ケガをしているのに、なぜ手当てをしてくれなかったのですか」「塾に遅れてしまうじゃないですか！」など、クレームの電話ばかり。若手の先生にとっては、担任をもって最初の保護者対応がクレームだったという原体験をもつ先生も少なくありません。

そこでこの章では、「保護者と教師のより良い関係づくり」についてお話しします。

「消費者目線」で見られる学校と教師

現在の保護者の方々が小中学生だった頃は、親が子どもを学校に預けたら、あとは先生にお任せするというスタンスでいるのが当たり前だったのではないでしょうか。

親と学校の関係に変化が見られ始めたのは90年代以降、「学校教育は教育サービス」という意識が浸透してからです。そのきっかけのひとつは、文部科学省が教育行政についての表現で「サービス」という言葉を用い始めたことだと私は思います。

その頃から、保護者の中にも「教育もサービスなのだから不満があれば文句を言うのが当たり前」という風潮が広がり、教師の権威は徐々に失われていきました。

とはいえ、保護者が学校や教師に対して意見することのすべてが悪いというわけではありません。中には「子どもを人質にとられてますから」と内申書を意識するあまり、何も言わないという保護者の方もいらっしゃるかもしれません。

けれども、それは子どもにとっても、教師にとっても良い結果をもたらしません。気がかりなことはきちんと学校に伝えるべきです。

大切なのは**その〝伝え方〟**です。**親にとって大事なのは、学校・教師とのやり取りの結果、「子どもにとって良い結果、メリットが返ってくる」**ということです。そのためには正面を切って学校・先生とぶつかることが得策であるとはいえません。

子どものためを思うなら、「子どもを教育するパートナー」として教師や学校とつき合っていくことが大切なのです。

先生という職業に就く人の中には、幼少時代から〝優等生〟を通してきた人も少なくありません。そうした人たちは、そもそも人から文句を言われた、叱られたといった経験が少ないのです。そのため、自尊心がとても傷つきやすいのです。厳しく否定されるとパニックになり、自信を失ってしまいます。

「厳しく言ったほうが、先生のためになる」と思う保護者の方もいるかもしれません。しかし、むしろ〝優等生〟気質の先生のやる気が失われるだけで、逆効果です。保護者のほうも、先生を叱ることで一瞬気持ちがスッとするかもしれませんが、問題の解決はむしろ遅れてしまいます。

「ダメな先生はどんどん替えていけばいい」と考える保護者の方もいるかもしれません。しかし、先生の交代が繰り返されることで、子どもに悪影響が出ることもあります。子どものメリットという点では、必ずしも良い方法とは言えません。

「教師の自尊心を尊重したつき合い方が、結果的に子どものためになる」のです。**「教師のプライドを大切にする」――これが教師とのつき合い方の鉄則**です。

教師の自尊心を大切にしたかかわりとは

では、教師の自尊心（プライド）を大切にするかかわりとは、具体的にはどのようなことでしょうか？

大切なのは、何か問題があるときにいきなり文句を言うのはやめること。会話の中で「うちの子がすごく喜んでいました」「ありがとうございます」と、**まず先生への「感謝」や「ねぎらい」の気持ちを伝える**ことです。先生の頑張りに対して、まずお礼を言うだけで「教師のその子へのやる気」はアップし、子どものメリットにつながります。

先にお話ししたように、昔は遠足などに行くと、親御さんから感謝の電話がよくかかってきたといいます。最近ではクレームがあるときにしか電話がかかってこない。これが教師のやる気を奪っているのです。

保護者の方々には〝子どものために〟ぜひ先生に「感謝とねぎらいの言葉」を伝えていただければと思います。

その上で、先生に伝えるべきことを伝え、〝変えてほしいこと、見直してほしいこと〟をお願いするのです。先生のプライドを大事にする言い方をすれば、先生のやる気を失わせず、なおかつ、現実的なリクエストならば、それも聞き入れてもらいやすくなります。

デビュー初日から教師としての「完成品」が求められる時代

もちろん、保護者との関係を円滑に築けるベテランの先生もいます。しかし、最近は経験が浅い20代の若手教師が急増しています。かつてならば、「まだ若い先生だから」と保護者が若手教師の成長を見守り、育てようとする余裕がありました。

しかし、現在の保護者にその余裕はありません。**教師に対する要求水準が高まり、たとえデビューしたばかりの20代の教師に対してであっても、教師としての「完成品」が求められる**ようになったのです。

よく見られるのが、保護者がついつい若い先生に厳しく接してしまうケースです。

無理もありません。今、小学生の保護者の中心世代は40代です。40代の人間から見たら20代は、どうしてもまだまだ未熟に思えてしまいます。「大人」と「若者」の関係なのです。若い先生は先生で「若い」「経験が浅い」ことを引け目に感じ、保護者からの言葉を真正面から受け止め、傷ついてしまいます。その結果、先生の意欲が削がれ、ひいては子どもへの接し方や授業のレベルが低下することもありえます。

必要なのは、先生への「勇気づけ」や「励まし」です。**保護者の方々には、ぜひ先生への信頼と期待をベースにしたかかわり**で、ゆとりをもって接していただければと思います。

教師が保護者から言われてうれしい一言

この本をお読みの保護者の方に質問です。学校の先生が保護者から言われて「うれしい」一言をご存じでしょうか？　ちょっと考えてみてください。

「先生が担任で本当に良かったです」
「来年も先生が担任だといいのに」
「先生のおかげで〇〇ができるようになりました」

いろいろとうれしい言葉はあるでしょう。

私が、知り合いの先生から聞いて「なるほど」と思ったのは――

「何かお手伝いできることはありますか？」

という一言です。その先生は、次のように語っていました。

「僕たち教員は、猫の手を借りたいほど忙しいです。でも、保護者の方に実際にお手伝いいただく場面というのはあまりないんです。それでも、僕たちの気持ちをくんでくれて『何かお手伝いできることはありますか？』と保護者の方に言われるとうれしいですね」

子どもが学校で良い体験ができるように教師を応援する親。逆に、何かあったら教師に文句をつける親。どちらが教師のやる気をアップさせる保護者であるかは明白でしょう。

教師にクレームばかりつけていると、めぐりめぐって保護者や子どもに〝損〟が返ってきます。

「あの保護者の言うことは大げさだから、話半分に割り引いて聞こう」

「あの子どもにかかわると、背景にはあの親がいるのか……」

そんなふうに教師に思わせて、意欲を削いでしまうと、教師がその保護者の子どもとかかわることに苦手意識をもつようになるのは想像にかたくないでしょう。

子どもを育てる大人にとって最も大切なこと

親、教師、保育士など子どもを育てる役割にある大人にとって最も大事なことは、「自分の気持ちを安定させること」です。

特に思春期の子どもは気持ちが揺れやすく、学業や友人関係など多くのストレスを抱えています。

保護者の方はぜひ、どっしりと構えて子どもを受け入れてあげてください。親がイライラしたり、大きな声で怒鳴り続けていると、子どもは余計、不安になります。**子どもを受け止めるためには、親自身が心にスペース（ゆとり）を確保しておくことです。もしも子どもと意見が対立したときは、まずは親のほうから一歩引いてください。**親のほうが「大人になって」一歩引くのです。

子どもが口答えをするのは、単に親に反発したいだけということも少なくありません。親が「一歩引く」だけで、子どもが言うことを聞きやすくなる場合もあります。

避けたいのは、親が子どもと対等の立場に立ち、売り言葉に買い言葉でヒートアップすること。応酬し合うことです。双方が引くに引けなくなり、悪い結果しか生まれません。

保護者がクレームをつける心理

先ほど、90年代以降に「教育はサービス」という意識が浸透してから、親と学校の関係に変化が見られ始めたというお話をしました。

具体的には1995年頃から、子どもも親も変化し始めたとよく言われます。1993年頃にバブルが弾けているので、「下部構造が上部構造を決定する」（経済が変わると精神性も変わる）というマルクス（19世紀に活躍したドイツの哲学者・経済学者）の主張は部分的には正しかったと思います。

以前に、ある中学校の校長が、「1995年頃から学校に来るクレームがそれまでとは違ってきた」という話をしていました。

また、**子どもが何か悪いことをして学校に呼ばれたときの保護者の態度もその頃から変わってきた**というのです。

それまでは親御さんを学校に呼ぶと「先生、すみませんでした。うちの子に厳しく言っておきます」という感じでした。今でももちろんそういう保護者の方も少なくありませんが、1990年代半ばから「教師の態度が悪いからうちの子はこういうことをしたんだ。教師が先に謝ればうちの子にも謝らせる」といった親御さんが現れたというのです。

１９９５年以前は、保護者は子どもに対して「とにかく先生の言うことを聞きなさい」という態度だったわけです。そういう親の姿を見ていると、子どものほうも教師の言うことを聞こうという姿勢になるでしょう。

しかし、「教師には注文をつけるもの」という親の姿を見ていると、子どももまた「この先生の言うことは聞かなくていいんだ」という思いになります。

「子どもはまだなんとかなるんですけど、その背後にいる親が大変なのです」という先生方が増えてしまったのです。

クレームというのは昔からあるもので、クレームのすべてが悪いわけではありません。しかし近年、教師が苦労しているクレームの中には、しつこさ、重さ、激しさが尋常ではないものもたくさんあります。もしも、同僚も管理職も助けてくれない状況で、しつこく重いクレームを受け続けたら、教師がつぶれていくのは目に見えているでしょう。

公立学校を「消費者ベース」で見る保護者たち

しつこく重いクレームを寄せる保護者の中には、**公立学校を何か「チェーン店」のよう**

に、**消費者ベースで見ている**節があるように思われます。

たとえば、チェーン店に食事に行って、注文したのと違った料理が出てきたとします。そのときに店員に「料理が違うんだけど……」と言うのは普通でしょう。

しかし、店側が「すみません。今日入店したばかりのスタッフですから」と言ったときに、「いや、そんなことは関係ないじゃないか！」と絡み始めると、それは一種の「クレーム」になります。保護者の中には、これと同じようなクレームのつけ方を、学校の教員に対してでも行ってしまう人がいるのです。

つまり、「1年目だろうと先生は先生でしょう」というわけです。親の願いとして当然なのですが、先生には初任者であっても、一定レベル以上を求めたくなるのです。

初任者の中にはすぐにそのレベルでの指導ができない教師もいます。そうしたときに、どうしても、「初任者だから」という目で見てあげられないのです。

ひとりの保護者が3人の教師を休職に追い込んだ

これは、ある小学校の校長先生から相談を受けたケースです。お子さんが発達障害で、保護者にも同じような傾向がある方がいたそうです。いわゆるキレやすいタイプで、カッとなったら止まらず、先生に激しく当たり散らしたり攻撃的な言葉を発したりしてしまうのです。そのひとりの保護者により、３人の教師が休職に追い込まれてしまいました。

発達障害をもった子どもの親御さんの中には、お子さんと似たような傾向をもった方もおられます（もちろん、すべての親御さんに当てはまるわけではありません）。

そういう傾向の保護者の方に対して、教師が「お宅のお子さんには、こういうところがあります」「お子さんがこういうことをしました」という接し方をしていると、それは関係が悪くなります。**保護者も当然、傷つく**のです。

重ねて言いますが、「こういう特性は発達障害に違いない」とか、「発達障害の子をもつ親には問題がある」といった決めつけは絶対にしてはいけません。そもそも、教師は医師ではないのです。診断のまねごとをしてはいけません。

しかし、**「親と子が似やすいのは自然なこと」**です。

先生が少し注意をしたらすごく傷ついて反応する子どもがいるのと同様に、教師が子どもの問題を少し指摘しただけで、ひどく傷つき、教師の側から見たら過剰反応に見える騒ぎ方をする親御さんもいるのです。

「誇りはどうやってもつの？」と聞いた生徒に

これもある中学校の校長先生のお話です。校長が担任時代の出来事だそうです。「明日の合唱コンクールは、みんな誇りをもって頑張ろう」と子どもたちに発破をかけたときに、ひとりだけ「先生、誇りってどうやってもつんですか？」と聞いてきた生徒がいたそうです。聞かれた先生は腹を立ててしまいました。

「みんなで頑張ろうとしているときに、君の態度はなんなんだ！」と生徒に詰め寄ったのです。その子にしてみれば、「誇りをもて」と言われたから一生懸命に考えたのにわからない。そこで、「どうやってもつのか」と素直に先生に聞いただけなのに、ひどく叱られてしまったのです。

当時のその先生には、発達障害に関する理解が少なく、子どもに腹を立てるという対応をしてしまいました。しかしそうなると、子どもとの関係も、親との関係も良好に保ちづらくなるでしょう。

後日、その子の保護者からは、「なんでうちの子に対して、あんなひどい叱り方をしたんですか」というクレームを受けたそうです。

発達障害をもつ子の親の気持ち

発達障害をもっている子どもの親御さんは、とても苦労されています。子どもが幼稚園や保育園のときから、厄介者扱いされがちで、「親のしつけがなっていない」という指摘を受け続けている方も少なくありません。そうした経験を重ねているうちに、**うちの子はどうせ、「学校や園の邪魔者だ」**という思いになってしまう方もいるでしょう。

そのため、学校に対しても、自分は「被害者だ」「どうせわかってもらえない」という気持ちを抱いてしまいがちなのです。

先生方に理解していただきたいのは、**保護者の中には「教師はわかってくれない」という気持ちを抱えている人が少なからずいるということです。そのことを理解した上で、保護者とかかわっていただきたい**のです。

「お宅のお子さんには、これで困りました」とだけ伝えてしまうと、その保護者は「またこの先生もわかってくれない」と感じて、保護者と担任の先生との関係が一気に悪くなる可能性があります。

教師のほうは「ただ事実を報告しただけ」と思っていても、保護者は違った受け取り方をしてしまいます。

保護者にいろいろと指摘をしたり、問題を報告したりする以前に、**「この先生は、うちの子や私にとっての味方だ」と思ってもらえる関係性づくり**をすることが先です。

先生方から「子どものことで手を焼くのはいいのですが、親のことでわずらわされるとなんでこんなことまで……と思ってしまいます」といった言葉を耳にすることがあります。

しかし今や、子どもだけでなく、保護者も大切な「仕事の相手」です。保護者との良い関係づくりを大切にしなくてはならないのです。

保護者に好かれる教師のポイント「子どもウォッチング」

「保護者に好かれる教師」についてのアンケート調査で、数十年前から「不動の1位」であり続ける項目があります。それは「うちの子をよく見てくれている＝子どもウォッチングができている」という点です。

「この先生は、うちの子どもをよく見てくれている」――これが保護者から信頼される教師の最大の特徴です。

「最近、うちの子はどうでしょうか？」と保護者から聞かれて、「ええ、うまくやっていますよ」という返事だけではもの足りません。**「子どもをよく見てくれている」**とは、**細かな点までよく情報をもっている**という意味です。

「ええ、けんとくんは先週の合唱コンクールのときにとても頑張ったんですよ。ほかの先生からは『少年合唱団みたいによく声が出せているね』って言われてました。それで昨日はこんなこともあって……」といったように具体的なエピソードを伝えることができること。これが、保護者の信頼を得て、良い関係性をつくっていくステップのひとつです。

先生が保護者に伝えたい2つのこと

とはいえ、いくら「子どもウォッチング」をしていても具体的なエピソードを忘れるものです。いざというときに思い出せなければ、意味がありません。そうならないためには、**気づいたことはメモ**しておくクセをつけておくことです。メモをするクセをつけると具体的な情報がたくさん得られます。記憶に自信がなければメモです。

まめに保護者に連絡することも心がけましょう。

保護者から電話があって、「先生……あの……うちの子、いじめられているような気がするんですが、何か気づいたことがあれば教えてください」と相談を受けたとしましょう。

保護者の側は、「いつ返事がくるか、いつ返事がくるか」とそわそわしながら待っています。にもかかわらず、1週間も2週間もなんの音沙汰もなかったらどうでしょう。保護者は自分がクレーマーだと思われたくありませんから「うちの子、見てくださいって言いましたよね⁉」とは言い出しにくいものです。じっと待っているうちに失望して、信頼を全く失ってしまうのです。

保護者対応においてはまめさが重要です。こうした場合には、2日以内に電話をかけましょう。留守番電話の場合にも、必ずメッセージを残しておいてください。

「もしもし、はるきくんのお母さんでしょうか。私、担任の○○です。はるきくんのことを気にして見るようにしていますので……ええ、またこちらからもご連絡しますね。では、失礼します～」

とにかく**「よく見ている」「また連絡する」という姿勢を伝えるのが重要**です。「ああ、この先生はうちの子にきちんと対応してくれようとしている」と保護者が実感するでしょう。

具体的な行動レベルの「お願い」をする

ここまでお話ししたように、子どものことをよく見ることは大事です。その上で大事なのは「伝え方」です。

たとえば、給食のときに先に食べてしまう、宿題をやってこないなど「困った行動」をとるお子さんがいたとします。先生としては、学校内での子どもの困った行動を保護者が知らないのはまずいだろう、という判断もあるでしょう。

「○○くん、給食のとき、ひとりだけ先に食べ始めてしまうんです」

「○○さん、いつも出された宿題をやってこないんです」

しかし、言われた保護者は内心、こんなふうに思うかもしれません。

「給食のときに先に食べ始めてしまうって、学校で起きたことでしょ。そんなことを家庭に言われても困る」

「だって、どんな宿題を出されているのかわからないし……」

子どもの困りごとを保護者に伝える際に、「お子さんに○○をやらせてください」「だから直してください」といった言い方ばかりしていると、関係がうまく築けません。親の側からしたら、「あなたは親として問題がある」と非難されている気持ちになるからです。

ベストは「お願い」です。それも、**具体的な行動レベルのお願い**をします。たとえば、食事のときに「いただきます」を言えない小学1年生の子に対しては、

「はるとくん、ご家庭ではどのように食事をされていますか？　ご家族で一緒に『いただきます』と言って食べ始めるようにしていただけると、学校でも一緒に給食を食べることができるようになるかと思うのですが……」

とお願いし、宿題をやってこない子や教室で落ち着きのない子には、

「ゆきさんが帰宅したら、今日どんな宿題が出たのかを一緒に確認していただけませんか」

「たまきくんは、お母さんから頭をなでられてほめられた次の日、すごく落ち着いたいい子になるのです。できれば1日1回でいいのでほめていただけませんか」

などとお願いするのです。

なお、**具体的な行動レベルのお願いは、保護者から先生に対しても有効**なやり方です。たとえば、「うちの子、先生からほめていただいた次の日、すごくやる気になって、宿題をすごく頑張るんです。何かひとつでもほめていただけると、もっと頑張ると思うんですけど……」と「お願い」するのです。

保護者からも、具体的な行動レベルのお願いを

先ほど、出された宿題をやってこないお子さんのケースを紹介しました。

中には、口頭で言われただけでは何が宿題に出されたのか理解しづらい、さらに宿題を書いてある板書を書き写すのにも時間がかかる、というお子さんもいるものです。

そんな中学1年生のお子さんをおもちのある保護者の方は、担任の先生に対して、次のようなお願いをしてうまくいきました。

「うちの子は板書されたものを書き写すのに時間がかかってしまいます。先生にお願いがあるんですけど……それぞれの教科の先生が出された今日の宿題をまとめて、教室のうしろの黒板に書いていただいて、放課後までそのまま板書を残しておいていただけませんか。子どもには、時間をかけてでも書き写すようにさせますから」

保護者から教師へ、具体的な行動レベルのお願いをしたわけです。これでお子さんは「宿題をしない子」から「毎日宿題をする子」に変わることができました。

お子さんの特性については、親御さんのほうが先生よりもわかっているはずです。特に発達障害についての知識は、先生よりも親のほうが豊富という場合がしばしばあります。親御さんから先生に対して、「うちの子は口頭の指示だけだと理解しづらいんです。なので、こういう工夫をお願いできませんか」と「お願い」してみてください。

学校には「合理的配慮」（障害のある子どもが平等に教育を受けるために、必要かつ適当な変更・調整を行うこと）をする義務があり、教師には配慮する義務があります。保護者からお願いをされたら断わる教師は少ないはずです。

もし①担任に伝えてうまくいかなかったら➡②学年主任➡③特別支援担当➡④教務主任➡⑤校長という順に伝えていきましょう。少なくともひとりは優秀な教員がいるものです。

できる先生とダメな先生の違い

できる教師なら、「子どもがこうすれば理解しやすいんですけど……」と保護者から提案を受けたら（無理ではない提案や要望ならば）快諾してくれることでしょう。

ある先生は、保護者からのリクエストをさらにアレンジして、授業中に板書をする際には、大事なところに傍線を引いてくれるようになりました。「そこだけ写せばいいからね」と、子どもにこっそり耳打ちしてくれたのです。次第に、この板書のルールを、学年の先生全体でも共有してくれるようになりました。

力があってできる先生は、保護者からの具体的なお願いに協力的です。「あの保護者は、子どもが学校でうまくいくように力を貸してくれている」とありがたく受け止めます。

一方、**ダメな先生ほど、保護者からのリクエストは「めんどくさいもの」「クレーム」と**

受け止めがちです。

近年は若手の先生が増えています。経験の浅さゆえにお子さんの困りごとに気づかないケースもあります。そんなときこそ、**保護者から先生に「具体的な行動レベルのお願い」をしてほしい**のです。

先生にお願いするときの3ステップ

保護者から先生にお願いをするときには、次の3つのステップを踏むと効果的です。

1つ目は「先生、いつもありがとうございます」と感謝を示すこと。

2つ目が、抽象的な要望ではなく、具体的な行動レベルのお願いをすること。

3つ目が、勇気づけです。

「ほかの先生じゃダメだけど、先生だったらやってくださると思って」「信頼している先生だからこそ、申し上げるのです」などとその**先生のことを「信頼している」「期待している」というメッセージ**を伝えて、先生のやる気を喚起させるのです。

特に、40代の保護者と20代の先生という組み合わせだと、保護者から見て先生が頼りなく思えてしまいがちです。これが、保護者が50代だと「20代にもいいところがある」と余裕が出てくるものです。20代の若手教員を一番否定しがちなのが、40代の保護者なのです。保護者の方には、ぜひ若手の先生を「勇気づける」という目線をもっていただきたいのです。

そう申し上げると、最近の保護者は権利意識が強いので、「なんで給料をもらって仕事をしている先生に、わざわざお願いをしたり、勇気づけたりしないといけないんだ」と思う人がいるかもしれません。でも、それが現実なのですから、仕方がありません。

多くの家庭では「夫婦関係」においても「妻が夫を育てる必要」があります。最近の女性は、とかく結婚直後から男性に「完成品」を求める傾向があります。最初から夫は、家事・育児をやってくれて当然だという考えです。

文句を言うだけでうまくいくならいいでしょう。しかし、夫だって先生だって、文句を言ってもすぐに変わるものではありません。**文句を言っているだけでは変わらない**のです。

結局、文句を言っている人が損をします。めぐりめぐってお子さんが損をします。

ただでさえ、**今どきの若い先生は**、**学校が**「**ブラックな職場**」**だと知っていながら、生きがいだけを求めて教師になってくれている貴重な方々**です。そんな「情熱バカ」ともいえる若手の先生をつぶしてしまって良いことなど何ひとつありません。

ぜひ、保護者のほうが大人になって、「先生だったらできると思うんです」「先生ならやっていただけると思うんです」と勇気づけて、やる気にさせていただきたいのです。

教師も保護者も「横並びの関係」でパートナーに

教師は保護者からのリクエストにどう対応すればいいのか、教師のとるべき基本スタンスをお話ししておきたいと思います。

いろいろな先生とお話ししていて思うのですが、最近、学校の先生方は少し保護者にこびすぎて、かえってうまくいかなくなっていると思います。下手に出すぎて、かえって関係がうまくいかなくなっている感じがするのです。

特に若い先生には、「何かあったらおっしゃってください」とずっと低姿勢で、保護者と接している方が多いと思います。これでは、保護者には「つい苦情を言いたくなってしまう相手」に見えてしまいます。まるで、**店員と客、サービスを提供する側と受ける側のような関係**です。

「何かあったらおっしゃってください」「苦情を受け止めます」というのは、教師と保護者が、いわば**「面と面で向かい合う関係」**です。

私は先生方に向けて「保護者対応」がテーマの研修会もよくやっています。そこでお話ししているのは、教師のほうから新学期開始の早い時期に、保護者の方々と「**横並びの関係**」をつくってほしいということです。

考えてみてください。夫婦であれ恋人であれ友人同士であれ、「正面で向かい合って座って話をする関係」というのは「あまりうまくいってないとき」のことです。「ちょっと話したいことがあるんだけどいい？」というときにだけ、「正面で向かい合って座る」のです。では、２人の関係がうまくいっているときはどうでしょうか？　そうです。「横並びに座る」。これがうまくいっているときの座り方です。

教師と保護者は本来は、「向かい合って座って、言いにくいことを言い合う関係」ではありません。「ともに力を合わせて協力するパートナー」の関係です。これは「**面と面で向かい合って座る関係**」ではなく、「横並びに座る関係」です。

保護者と教師は本来、同じ方向を向いて、子どもの教育という目的を共有している仲間、パートナーなのです。

このことを教師のほうからリードして保護者に伝わるようにしてほしいのです。

「**私たち教師はお子さんのためにベストを尽くします。みなさんもぜひ力を貸してくださ**

い。一緒に力を合わせてやっていきましょう。その中で、もし何か不十分な点があったら遠慮なくおっしゃってください」

先生は、保護者に対してこんなふうに堂々と胸を張って言えばいいのです。

どこまでが正当な要望で、どこからが過剰な要望か？

ここまで読まれた読者の方、特に保護者の方は、こんな疑問をもたれるかもしれません。

「何かあったらおっしゃってくださいというけど……どこまでが正当なリクエストで、どこからが過剰なクレームなのだろう？」

リクエストとクレームの線引きポイントは、どこにあるのでしょうか？

私は、「正当な理由があるかどうか」によると思います。

正当な理由とは、「子どもが困っている➡だからこうしてほしい」という配慮のお願いです。先に挙げた例のように、

「何が宿題として出されているのか、口頭で聞いただけではうちの子どもは理解しづらい➡だから黒板に書いてほしい」

「うちの子は板書を書き写すのに時間がかかる➡だからうしろの黒板に書き残してほしい」

これは、子どもの困り感に対応した配慮のお願いです。

ほかにも、

「うちの子は視力が悪い⬇だから板書が見えやすいように前の席に座らせてほしい」

「慢性的な病気をもっている⬇だから体育の時間は運動量を軽減してほしい」

というのも、正当な理由です。

最近、小学校の特別支援学級（支援級）に通うお子さんの保護者の方から、こんな相談を受けました。

「うちの子は2年生なのですが、通っている支援級では1年生の授業をやっています。国語ではカタカナ、算数では数をかぞえるとか簡単な足し算を習っています。でも、うちの子は漢字の読み書きもできますし、家では繰り上がりのある足し算をやっています。うちの子だけ、もっと進んだ学習をさせてほしいというのは、要望が過ぎますか？」

これは先生にリクエストしてもいい案件だと思います。

この場合、お子さんじたいは授業の進度が遅いからといって困ってはいないでしょう。ただし、授業の進度がお子さんの学力に見合っていないのであれば、お子さんの能力は十分には伸びず、機会損失をしてしまい不利益になるかもしれません。

正当な要望かどうかの見極めは「それは、子どものためになることか？」という点もポイントになります。

もうひとつ、小学校の支援級に通うお子さんの保護者による相談を紹介しましょう。

「うちの子はなんでも一番にならないと気がすまないタイプで……朝も一番に登校したがります。これまで7時半に登校していたのですが、先日、副校長先生から8時10分以降に登校してくださいい、と言われてしまいました。学校は個別対応をしてくれないのですね」

登校時間については、学校側の管理責任や登校後の安全面の問題もあります。

先生がその分、早く出勤せざるをえない時間に登校されてしまうと、その先生の負担は増えてしまいます。

「うちの子だけ7時半登校を認めてほしい」というのは、要望が過ぎるのではと思います。

また、「7時半に登校できない」というのがお子さんの「困りごと」かというと、そうでもないでしょう。むしろ、お子さんには「一番になれないこともある」「ルール（登校時間）がある」ということを学ぶいいチャンスだと思って、定時での登校にチャレンジさせてほしいと思います。

ここで紹介した保護者のリクエストというのは、要望の裏に「親心」を感じさせ「子どものため」を思ってのものです。私の実感では、**9割の保護者はまともで常識のある方**です。

しかし**残り1割の中に常識とかけ離れた保護者がいるのも事実**です。その保護者が厳しいクレームを押しつけ続けて、教師がつぶされていくのを何度も見てきました。

厳しいクレームをつけるモンスターペアレント

厳しいクレームは、エスカレートしていく傾向にあります。リクエストがすぐクレームに転化していく、クレームが教師個人の誹謗中傷に転化していく。

たとえば、「学校に呼ばれてきたのだから、その分仕事を休まざるをえなくなった。休業補償を払え」というクレームが「慰謝料を払え」「損害賠償してくれ」というクレームにエスカレートしていくこともあります（こうなるとリクエストというよりも過剰なクレームです。いわゆる「モンスターペアレント」です）。

クレームをつける家庭には2つの特徴があります。

ひとつは、**教育熱心で高学歴、高収入な家庭の学校へのクレーム**です。教師の教科指導や授業レベル、子どもの成績に関するクレームが中心です。

もうひとつは、**子どもの教育にあまり関心をもたない保護者のクレーム**です。これは、単なるストレスのはけ口として教師を利用するものです。「先生」と呼ばれる人を謝らせることでストレス解消しているケースが多いのです。

「記念撮影でうちの子の写真の映りが悪い」「宿題を忘れたくらいで子どもを叱るなんて」「校庭の木が邪魔だから切ってほしい」といったものです。

では、保護者からのクレームに、教師はどう対応していけばいいのでしょうか。

原則1　ひとりで対応しない

クレームを言いに保護者がひとりで、あるいは夫婦で学校に来られた場合、原則的には**「来た保護者の人数＋1人」**で対応するのがよいです。お母さんひとりで来たら、「担任＋学年主任」の2人で対応する。父親も来たらもうひとり校長か教頭が加わって3人で対応するのです。

ちょっと難しい親だからといって、ひとりを相手に学校側が9人、10人で対応してしまったら、圧力をかけているように思われてしまいます。

PTAの役員をしているあるお母さんが担任教師の行動にちょっと疑問をもって、勇気をふりしぼって学校に相談に行きました。担任の先生と2人で話をするものと思っていたところ、なんと9人の教師に囲まれてしまい、何も言えなかったそうです。

学校にしてみると「みんなでお子さんを心配しているんですよ」というメッセージを発したつもりかもしれません。しかし、親には「プレッシャーを与えるために人数を揃えているの⁉」と受け取られかねません。

教師側、親側の思惑の違いを考えてほしいと思います。

原則2 担任以外に軸になる教師を決める

担任は担任をしている間は、その保護者とつき合っていかなければなりません。厳しいクレームをつけてくる保護者との関係も、できるだけ良い状態を維持したいものです。

しかし、クレーマーの保護者と対応するにあたっては、保護者に厳しいことを伝える必要も出てきます。そのためにむしろ担任があまりフロントに立ちすぎないほうがいいことも少なくはありません。

原則3 おもてなしの心で接する

保護者対応には、「おもてなしの心」が大切です。「私やうちの子は、この先生から大事にされている」というふうに思わないと、保護者は心を開きません。

できれば、保護者が来校する予定の時間の5分前には玄関に行き、出迎えて、応接室などにお迎えしましょう。お茶とお茶菓子を出しましょう。

あるデパートのクレーム処理係に聞いた話ですが、クレーム対応の場では熱い飲み物、特に覚醒作用があるホットコーヒーは厳禁だそうです。冷たい飲み物を出すのです。**クールダウンしてもらうためには、冷たい麦茶と和菓子**がベターでしょう。

原則4　時間と場所の枠を決める

あらかじめ終わりの時間を決めて、お話をうかがいましょう。時間の制約を設けておかないと、クレームが夜中まで延々と続くこともあります。そうなると、教師のほうがつぶれてしまいます。

特に電話でクレームを聞くときなどは「18時から会議がありますので、それまででよければお話をおうかがいします」といったように、「終わりの時間」を設定して話を聞くのがよいでしょう。**保護者が依存的な方だと、毎日電話をしてきて5時間も話を聞くことになるケースもある**からです。

クレーム対応はファーストコンタクトが重要

もうひとつ、付け加えるならば、**クレーム対応は「最初の対応が肝心」**です。最初の対応を間違えたせいで、次の対応が後手に回り、収束するまでに時間を費やさざるをえなくなってしまうことも少なくありません。

明らかに先生のほうにミスがある場合、たとえば、教室で先生が雑用をしている間にいじめが起きていて、教師が目の前にいたのに子どもがケガをしたとします。

このようなときに「いつも子どもたちを見られるわけじゃありませんからね〜」「この時期は新学期で何かと忙しいんですよ」などと開き直った返答をしてはいけません。ここは謝るべきところです。最初に謝罪すべきところで謝罪しないと、保護者を刺激して、さらにクレームがエスカレートすることがよくあります。

明らかにこちらにミスがあり謝るべきときには、**最初に具体的にストレートに謝ることが重要**です。これができないと、のちのち問題がこじれていきがちです。

逆に言えば、**初動を適切に行えばスッと収まっていくケースも多い**のです。

あやふやな対応をしてしまうのは、教師の側に「こちらが非を認めたら、とことん突っ込まれてしまうのではないか」という不安があるからです。だから引けないという対応になりがちです。保護者からのクレーム対応に自信がないときには、校長・副校長に連絡し、一緒に対応してもらうとよいでしょう。

「うちの子だけクラス替えをしてほしい」といった「これはできない」というリクエストについては、「できないことはできません」と最初に明確に伝えることが大切です。「できるだけやってみます‼」などと安請け合いをしてしまうと、のちに保護者が本当に実行されているかを確認してきて「違うじゃないか！　やると言ったじゃないか⁉」とさらなるクレームにつながりかねません。

心の中では「できるわけない」と思っているのに、できるようなできないようなあやふやな返答をするのもよくありません。できないことは「できる」と言わないことです。「**お気持ちはわかりますが、それはできません**」と伝えましょう。

担任ひとりで抱え込まず、周囲の人に助けを求める

重要なのは、担任にきた保護者からのクレームを担任の教師ひとりで抱え込まないことです。また、クレームに担任個人の考えで対応してしまうと、のちのち周囲の人も巻き込

んだ大きなトラブルに発展してしまうことも少なくありません。

返答に迷ったら「**管理職と相談します**」「**学年の先生たちで話し合います**」**などと正直に伝えてワンクッション**置きましょう。そして、最低でも学年主任、できれば教務主任や副校長、校長と相談することです。学年の先生たちでチームを組みながら対応していくこともできます。

もう少し大きな問題、学校全体にかかわるクレームの場合、たとえば、「学校として○○するのはいかがなものか」などと言い出すクレームについては校長が出ていかないと納得しない場合が少なくありません。

クレーマーには自尊感情（プライド）が傷ついた人が多いです。自分のプライドが傷ついてしまっています。こういう人は「誰が（どのクラスの人が）対応したか」に敏感です。「出るべき人」が対応することで、プライドが満たされ納得感が得られます。

保護者からの学級経営についてのクレームなら、基本的には担任と学年主任中心で対応するのがよいでしょう。一方、地域や保護者からのクレームで、特に社会的ステータスがある人が学校全体の方針にクレームをつけてくるような場合には、副校長や校長が直接対応するのがよいでしょう。担任レベルですませようとしないことです。

クレーム対応するときには、チームで対応することを心がけてください。周りの先生に「実はこんなクレームがきちゃったんです」と相談し協力を求めましょう。

校長は自らクレームの渦中に入るべし

保護者対応でトラブルになって、担任の教師が校長に相談しにいった際、校長が「それは君が悪い」「君がうまくやれないから、私の仕事が増える」といった態度を示すと、悪循環になります。校長が渦中に入らない学校では、担任が周囲に助けを求めにくくなります。クレーム対応の初動も遅くなりがちです。

保護者対応の成否を決めるのは、第一に校長の姿勢だといえるかもしれません。**校長は自らクレームの渦中に入ること**が大切です。

「クレーム対応のリーダーは自分だ」という姿勢を校長には示してほしいものです。

これは、ある学校の校長先生の話です。

この校長先生は日中不在がちなことが多いため、先生たちの間であまり評判がよくありませんでした。しかし、たまたまこの校長が学校にいるときに、こわもての保護者が担任に文句を言いにやってきたのです。

（クレーマーの親）「お前のせいで子どもが学校に行きたくないと言っているよ、どうしてくれるんだ」

（担任）「すみません」

（クレーマーの親）「謝るって、そんなもんじゃないだろう。謝り方っていうのがあるんじゃないのか。土下座しろ」

保護者と担任教師のこんなやりとりを聞いた校長が、「ちょっと待ってください」と間に入ったそうです。

「○○先生には私が頼んで、○年×組の担任を務めてもらっています。○○先生に文句があるのなら、まずは私に言ってください」――校長はそう言って、担任には「あなたは授業に行ってください」と伝えたそうです。あとは校長室で保護者と校長の話し合いが始まりました。それ以降、先生方の間で校長の人気が急上昇したのは言うまでもありません。

保護者への対応の仕方いかんでは、先生方の校長に対する信頼度をアップさせるチャンスになります。

管理職には、クレーム対応について、そんな前向きな構えでいてほしいと思います。

第5章

「できる教師」に必要な6つの資質

本当に「力のある教師」とは？

ここまでお読みになられていかがでしょう。今、教師が置かれている現状が実に厳しいものであることをご理解いただけたのではないでしょうか。

教師という仕事は、20年前30年前と比べて、格段に困難な仕事になっています。かなりの力量がある教師でないと、とても務まらない仕事だといえます。

最終章のこの章では、**厳しい現状の中で、今どういう力をもった教師が必要とされているのか**を考えていきたいと思います。

そもそも、教師に必要な〝力〟とは何でしょうか？

リレーション（心と心がふれあう関係づくり）こそ教師の基本スキル

教師という仕事は、子ども、保護者、同僚と、常に誰かを相手に人間関係をもつ中で行っていく仕事です。

その意味で、教師にまず求められるのは、瞬時にして相手とパッとリレーション（心と心のふれあい）をつくっていく力。しかも**相手が誰であるかを問わず、相手を選ばずにリ**

レーションをつくっていくことができる力です。

相手がどんな子どもであれ、その子が話す内容に興味が湧かなくとも、いちいち関心をもち、積極的にかかわっていくことができる。そんな**「関係づくり」の能力が教師の最も大切な基本スキル**です。

その意味で、**教師は人間関係のプロでなくては務まらない仕事**なのです。

「力のある教師」には、次の2つが備わっています。

①学級経営が上手で、学級にいる子どもたちが安心感を得られること。

②個々の子どもの能力を伸ばせること。子ども一人ひとりがもっている力を可能な限り引き出せること。

どの子どもも安心できる学級づくりができて、なおかつ、個々の子どもたちの個性や能力を伸ばしていくことができる。この2つを両立するのはなかなか大変なことです。

たとえば、子どもを厳しく管理しようとする指導では、学級の秩序は保たれるかもしれませんが、子どもたちにしてみれば「自分は抑えられている」「気持ちを認めてもらえない」と不満が募りがちになります。

逆に、和気あいあいとしているけれどなれ合っている学級では、教師と子どもは友達のようにフレンドリーに話はできても、子どもたちにビシッとルールを守らせることができなかったりします。

望ましいのは、子どもたち一人ひとりが自分の個性や能力を発揮しながらも前向きにルールを守り、秩序が保たれている学級づくりです。子どもたちは自分の個性を認められた上で、ルールを守ることを求められていると感じます。

一人ひとりの子どもが「**先生は私のことをわかってくれている**」と**感じているからこそ、教師からの期待（リクエスト）に応えていこうとする**のです。

学級づくりの基本原理「ルールとリレーション」

学級づくりのための基本原理は「ルールとリレーション」の2つです。早稲田大学教育学部の河村茂雄先生が考案したQUという学級の状態を査定するテストでも、この2つが前提となっています。

①ルールが守られ、秩序が保たれていながら、②一人ひとりが自分を発揮できる、あたたかいふれあいのある学級です。

①ルールが守られていて落ち着きがある上に、②情緒的なつながりと活気があるのです。この2つの要素が同時に存在していて、初めていい学級であるといえるのです。

一見、**「力がある」ように見えながら、実は壊れやすい学級しかつくれない先生**は、①の「秩序」は保たれているけれども、②の「あたたかいふれあい」はない学級の先生です。厳しめの先生や屈強な男性の先生、あるいは大きな声を出し迫力で威圧して子どもたちを抑えつける先生に多いタイプです。

そういう学級では子どもたちはおとなしくなりがちですが、教師に対する不安を抱きやすいものです。「うちの先生はどうしてこんなに厳しいの？」「なんでこんなにプレッシャーをかけてくるの？」。

そんな不満があるとき、教師に対する反発として表れ、一気に学級が荒れ始めることになりかねません。

「ルールとリレーション」は、荒れない学級づくりのための両輪なのです。

最低限守るべき学級の基本ルールは2つ

では、**「これだけは守ってほしい」学級の基本的なルール**とは何でしょうか？　ここでは最低限守るべき2つの基本ルールを提示します。

ひとつは「**人を傷つけることをしない、言わない**」という**ルール**です。このルールが守られているだけでも、だいぶ落ち着きのある学級ができるはずです。

最近の子どもたちは「きもい、うざい、死ね、殺す」などの暴力的な言葉を平気で使います。

これを放置していると、どんどん増殖していきます。

もし、こうした言動が見られたら、教師は授業中であっても即座にその場で介入すべきです。「その言葉は使うべきじゃない。お友達の意見が違うと思ったら『私は違う意見です』と言えばいいんじゃないかな」と、その都度、いちいちこまめに指導していくべきです。

もうひとつは「**ほかの人が話している間は、その人の話を最後まで聞く**」という**ルール**です。

荒れていく学級では、誰かが自分の考えを話している最中にそれにかぶせるように話し始める子たちが少なくありません。そうなる子どもたちの間に「私の話はちゃんと聞いてもらえない」という不満がくすぶります。

また、ほかの子が話をしている最中に、いつも誰かが私語をしているという状況が当たり前になってしまうと危険です。一気に、いつもザワザワと騒然としたクラスになっていきかねません。

「人を傷つけることはしない。言わない」「人の話を最後まで聞く」――この2つのルールが守られているだけで、クラスの崩壊をかなり防ぐことができます。

「本当に力のある教師」は2割

①秩序が保たれ、かつ②一人ひとりが自分を発揮できる生き生きとした学級づくりができる教師は、そう多くはありません。私の実感としては、全体の2割くらいです。

大まかに先生たちの力量を分類しますと、次のようになります。

- **本当に力量のある教師……2割**
- **そこそこの力量のある教師……7割**
- **力量の低いダメ教師……1割**

9割は、力量のある優秀な先生たちなのです。子どものためなら多少の労もいとわない熱心で誠実な先生が大半です。

1割が力量の低いダメ教師です。具体的に言うと、子どもとなれ合ってしまい、ルールが守れない上に、あたたかみもない指導をします。これが「今ひとつ、力量が足りない」と言われる教師です。

子どもたちにしてみれば、「先生は自分のことをわかってくれない」「ふれあおうとしてくれない」という不満があります。同時に、子どもたちの間にルールが守られず、秩序が確立されていません。

ダメ教師は、学級に安心感を抱けない子どもがいるのに対処ができません。また、子どもたち一人ひとりの力を伸ばすことができません。

子どもの担任がダメ教師だったら？

もしも読者の方の中に「子どもの担任の先生は、ちょっとダメかもしれない」「ちょっと心配だ」と思う保護者の方がいたら、上手に学校に伝えていきましょう。

「上手に伝える方法」は、第4章でお話ししました（192ページ）。保護者に「担任との関係をあまり壊したくない」という思いがあるのであれば、**学年主任や生徒指導主任**の先生に相談してみるといいと思います。あるいは、**スクールカウンセラー**に相談してみるのもいいでしょう。

スクールカウンセラーをしているのは、公認心理師、臨床心理士、精神科医、大学の臨床心理学専攻の教員などです。カウンセリングや心理学に関する専門家です。

現在、公立のすべての小中学校にスクールカウンセラーが配置されています。子どもたちの悩みを聞くのみならず、保護者と学校の先生をつなぐパイプ役も職務のひとつです。守秘義務がありますので、相談内容が学校に筒抜けになるということはありません。どの先生に相談するかを迷ったら、まず第三者的なポジションのスクールカウンセラーに相談し、その中で**「どの先生に相談したらよいか」をカウンセラーに相談してみるといい**でしょう。

担任が同調圧力に加担してしまった「葬式ごっこ事件」

教師が学級経営をうまくこなすのに手っ取り早いから、と「つい乗っかってしまう方法」があります。それは、多数派の中の中心グループの子ども、つまり「スクールカースト」上位グループにいる子どもと仲良くなっておくことです。

教師が多数派の子どもについていてしまった結果生じた悲劇的な事件があります。1986年に東京の中野富士見中学校で起きた「葬式ごっこ事件」です。これは、特定の男子生徒をいじめのターゲットにし、追悼のまねごと（葬式ごっこ）をした結果、ひとりの男子生徒が自殺に追い込まれた事件です。

世間を唖然とさせたのは、その子に向けて書かれた「バーカ」「ざまあみろ」「バンザーイ」などの文字が並ぶ色紙の中に、担任を含む教師が4人も寄せ書きをしていたことです。加害生徒の主犯格は「今までつかってゴメンね。これは愛のムチだったんだよ」、担任は「かなしいよ」、英語科担当教師は「さようなら」、音楽科担当教師は「やすらかに」、理科担当教師は「エーッ」などと書いていました。

このことは当時大きなニュースとなり、相当騒がれました。

では、なぜ教師は加担してしまったのか。リーダーの子どもから「ドッキリだから」と説明されたのを信じてしまったからです。今、客観的に見れば、まともな大人であればそんなふざけた遊びには参加せずに、むしろたしなめてやめさせるはずなのに、と多くの方は思うでしょう。

当然、この学校の教師たちにも、その程度の常識はあったはずです。なぜ教師たちは加担してしまったのか。その教師たちは、見るからに力のない「ダメ教師」であったわけではありません。いじめ集団のリーダーが、クラスのリーダー格であったことが大きな要因です。

学級でほかの子どもたちからも信頼を集めていた中心グループのリーダーであったその子どもと教師との間には信頼関係が成立していたのでしょう。

「この子の言うことだったら間違いはないはず」という妙な信頼感があって、教師たちはつい、気づかないうちにいじめ行為に加担してしまったのです。

少数派の視点に徹底的に立つということ

「葬式ごっこ」事件に加担した担任に限らず、学級経営をうまくこなすのに、スクールカースト上位の子どもと親しくしておく教師は少なからずいます。

しかし、こうした先生には「空気を読みすぎる」ところがあるのです。

空気を読みすぎた結果、子どもたちのスクールカーストに飲み込まれてしまうのです。その結果、最悪なことに、いじめに加担するような行動をとることになってしまったのです。

その対極に位置するのが、多数派ではなく「少数派の子どもの視点」に常に徹底的に立とうとする教師です。

「少数派の子ども」とは、いじめを受けている子、不登校の子、発達や愛着の問題のある子、LGBTの子たちです。

私は、「本当に力のある教師とは、少数派の子どもの立場に徹底的に立つことができる教師である」と考えています。「本当に力のある教師」は、たとえほかの教師と対峙してでも、「少数派の子ども」「弱い立場の子ども」の立場に立ち、そうした子どもを守ろうとします。

実は教育現場では、少数派の子どもにどう対応するかをめぐって、教師集団の中で頻繁に対立が起こっているのです。

「別室対応」の子どもをめぐる教師間の対立

教師集団の中の対立を示す顕著な例が、不登校の子どもの「別室対応」をめぐる考え方の対立です。

ある子どもが教室に入れずに不登校になりかけているとしましょう。

こうした子どもは、教室以外の別の場所、すなわち「別室」（校内適応指導室）に居場所を求めます。多くの学校では、別室を用意して不登校の子どもに居場所を提供しようとしています。

別室登校や保健室登校については、統一したルールがあるわけではなく、現場の裁量で決められています。

問題が起こるのは、別室登校をしていた子どもが元気を出し始めたときです。元気が出た子どもが、教室に戻っていけるのならばそれでいいのです。

けれども、多くの子はやはり教室に戻ることにためらいを覚えます。それは当然です。もともとより、教室にいるのがつらいから不登校になりかけたのです。

別室で元気が出たからといって、すぐに教室に戻すのは無理があります。

しかし、「それだけ元気があるなら、教室に行け」とすぐに言い始める鈍感な教師もいます。

このときに、**多数派の側に立つ教師と少数派の側に立つ教師が対立**するのです。

多数派の側に立つ教師は、こんなことを言います。

「元気が出たのなら、教室に戻りなさい。それでも教室に戻れないのなら、学校に来られれなくてかまいません」

「学校は教室に入れる子どものためにあるのだ」と、正論をふりかざして教室に入れない少数派の子を切り捨ててしまうのです。そして、「元気があるのに教室に行けないのだったらそもそも学校に来なくていい」と言い始めるのです。

これは、いわば弱者切り捨ての立場です。

一方で、教室に戻ろうとしたら足がすくんでしまう少数派の子どもたちを守ろうとする教師もいます。こうした教師は、教室に戻ろうとしても戻れない子どもに居場所を与え続けようとします。

「〇〇さんは、教室に入る手前で足がすくんでいるじゃないですか。今まで頑張って登校してきたのだから、もう少し別室登校を認めて、待ってあげましょうよ」

そんなふうに少数派の子どもたちの声を代弁し、守ろうとするのです。

しかし、少数派の側に立つ教師は、多数派の側に立つ教師たちから糾弾されます。

「甘やかしすぎです」「寛容すぎやしませんか?」「ちゃんと教室に登校している子に示しがつきませんよ」といった非難を受けがちです。

いじめや発達障害の対応でも教師によって大きな隔たり

こうした教師間の対立は、いじめられた子たちをめぐる対立にもつながります。

多数派の側に立つ教師は、いじめられた子どもに対して、鈍感な言葉を投げかけがちです。「あなたがもっと強くなればいいのよ」「そんなこと気にしなければいいでしょ」「あなたにも悪いところあるでしょう」などと言って、いじめられて弱っている子どもをさらに追い込んでしまうのです。学校を休もうとする子どもに対しては、「それは逃げなんじゃないか」と迫ってきます。そして、「つらいかもしれないけれども、学校に来なさい」と追い込んでしまうのです。

一方、**少数派の側に徹底的に立つ教師は、いじめられた子どもをとことん守ろう**とします。

いじめられて登校できなくなった子どもの立場に立って、なんとかその子を守ろうとするのです。「あなたを守れなくてごめんなさい」と涙しながら子どもに謝罪をする教師の姿を見たこともあります。

多数派の側に立つ教師と、少数派の立場に立つ教師の違いは、発達障害の傾向をもつ子どもへの態度にも通じます。

多数派の側に立つ教師は、発達障害傾向のある子どもにも「みんなと同じようにしなさい」ととおりいっぺんのことを言い続けます。

学習障害をもった子どもの中には、教師が板書した内容をノートに書き留めることができない子もいます。そうなると学習が遅れます。

コミュニケーションが苦手な子どもの中には、「対話のある授業」の対話の場面が苦痛で教室にいるのがつらくなり、学校に行くのが嫌になることもあります
そうした場合に**多数派の側に立つ教師は、「とにかくすべてみなと同じようにしなさい」「あなただけ特別扱いすることはできません」と言い放ちます。**

一方、少数派の側に立つ教師は、そうした子どもたちの苦痛を少しでもやわらげようとします。

「板書を全部写す必要はないからね。先生が下線部を引いたところだけノートにとればいいよ」といった工夫をして、個別の配慮をしようとします。

しかし、多数派の側に立つ教師は、「私は特別扱いを認めません。通常学級に通う以上、ほかの子と同じようにしてもらわないと困ります」「あなただけ特別扱いするわけにはい

きません」といった論理を押し付けてきます。

「特別支援」「個別支援」の重要性が認められるこの時代にあって、**「みんなと同じにしなさい」と言い続けるだけの指導は、もはや時代遅れ**です。

「みんなと同じ」でなくていい

今は発達障害の子ども、特別支援が必要な子どもに対応するための支援員が配置されるようになっています。普通学級でも特別の支援を必要とする子どもたちを受け入れ、一人ひとりの子どもに個別のケアをしていくのです。

普通級に通う以上は、「クラスのほかの子どもたちと同じようにするのが当然だ」「同じようにできないのであれば、特別支援学級や特別支援学校に行くべきだ」というのは、硬直した古い考え方です。

「みんなと同じ」をよしとする教師の硬直した論理が、少数派の子どもたちを苦しめているのです。

たとえば、ある学級では吃音のある子どもがいて、滑らかにしゃべることができないのに、担任教師がその子に対し、教科書をみんなの前で読ませようとしました。「教科書をきちんと読むことができるまでは何度でも当てるぞ」と言うのです。

今どきとても考えられない対応です。教師による特定の子どもへのいじめのようにしか思えません。そうした意図がなくても、結果としてそうなっています。

吃音なのですから、すらすらと教科書を読むことができるわけがありません。苦しんでいる子どもに対し、「うまく読めるようになるまでは、みんなの前で何度でも読ませる」というのは拷問です。

「個」の視点、少数派の側に立つ視点が欠けているのです。

少数派の側に立つ教師であれば、当然、音読のときには吃音の子を当てないように配慮するでしょう。

本当にできる教師に不可欠の資質。それは、この「少数派の視点に徹底的に立つ」という姿勢です。

学校のいらないもの――「みんなと同じ」という論理

ここで問題提起しておきたいのは、学校はあまりにも旧態依然としすぎているということです。その集団主義――「みんなと同じ」の強要――は、2020年の現在、あまりに時代遅れで一般社会とのズレはかなり大きくなってしまっています。

「実は学校現場はいらないことだらけなのでは？」と多くの人が疑問を抱いています。

私が知っているある不登校の中学生は、音楽のテストでみんなの前で歌うのがつらくて、学校に行けなくなりました。その子は音痴を気にしていたのです。

ほかにも、みんなが見ている前で跳び箱を跳ぶ（跳べるまでみんなの前で跳ばないといけない）のが嫌で、不登校になった子もいます。

しかし、考えてみてください。大人になってから多くの人の前、シラフで歌うことなんてまずないでしょう。宴会かカラオケ以外にまずありません。跳び箱を跳ぶ機会なんて、もっとありません。

「大人になってから困るから……」とよく教師は子どもたちに言いますが、多くの人の前で歌うことができなくても、まず困ることはないでしょう。

すべてのことがもっと、**一人ひとり個別でいい**のです。一人ひとり学習進度も違って当然です。発達の進度が違うからです。できないこともできることも違う。なのに、同じ学年の子はみんなで同じ進度で学習を進めようとするのが不自然です。

たとえば、中学生になっても九九ができないのならば、九九から習うプリントをその子に個別に用意すればいいのです。**もっと本気で個別支援をやるべき時代**です。

「みんなと同じにできなければ社会に出て困る」という発想をする教師もいます。しかし、今どきみんなが同じことをできなければ困る、などということはありません。それは、かつての集団主義の時代、工場での大量生産の時代に必要とされていた能力です。

人と一緒にワイワイしたい人はチームワークが必要とされる職場に勤務すればいいのです。一方、人間関係が苦手で、ひとりで勤務できる職場がよければ、「ひとり職場」を選べばいいのです。

今は、集団で活動しなくてもいい職場が増えています。コロナをきっかけに在宅勤務がベースの職場も増えてくるでしょう。

学校システムは変革のときにきているのだと思います。

「みんなと同じ」という固定観念を捨て去り、「一人ひとり違った子どものために何ができるのか？」を本気で考えるときだと思います。

子どもの人生に影響を与える覚悟

「力のある先生」「力のない先生」という言い方があります。

第2章で紹介した神戸のいじめ・暴行事件の加害教員は、同僚や保護者から「力のある先生」とみなされている先生でした。だからこそ、職員室での発言力が高まっていたのです。

加害教員は、子どもへの指導力があり、自信をもって子どもや保護者に接することのできるタイプの先生だったのです。

しかし、加害教員は、真の意味での「力のある先生」とは、とても言えない人でしょう。そこに徹底的に欠けていたものが「常に少数派の側に立ってものを考える」という、この姿勢だったのです。だからこそ、被害教員の立場に立つ、という当然生まれてきていい視点も、生まれてこなかったのです。

教師という仕事は、子どもたちの人生に大きな影響を与えうる、大変に責任の重い仕事です。

教師自身も、自分が子どもの頃に教師から受けた影響の大きさに感銘を受けて、教職を目指したという人は多いものです。

教師になる人には、強い**「使命感と情熱」**(ミッションとパッション)が必要です。

子どもの人生に大きな影響を与える仕事に就くことに伴う決意と覚悟が求められるので

す。

「生活まるごとが教師」に

「本当の意味で力のある教師」と「ダメ教師」を大きく分ける基準。それは、教師としての使命感と情熱をもち合わせているかどうかです。

残念ながら、教師の中にはなんとなく教員採用試験に受かって、教職に就いたという人もいます。

一方、**本当に優秀な先生は、24時間、「教師脳」**で過ごしています。**「生活まるごとが教師」**になるのです。

たとえば、私が長年おつき合いをしているある小学校の先生は、新聞を読んでいれば新聞記事を、小説やマンガを読んでいればその本を、テレビを観ているときはその番組を常に「教材として使うことができないか」という視点で見ています。100円均一ショップに行っても、商品のすべてが「教材に見えてくる」というのです。

自分の生活をまるごとすべて教職に捧げているのです。

これからの教師に必須の「援助希求力」

学校の先生方にお願いしたいことがあります。それは、自分だけでなんとかしようとは思わずに、何か困っているときにはすぐに周囲に援助を求める習慣をつけていただきたいのです。

「援助希求」（help-seeking）と言います。必要なときに必要に応じて**援助を求めることができる相手を探して**おきましょう。

これからの時代、10年、20年と長く教師をやっていくのであれば、この「援助希求」の力が極めて重要になります。

「援助希求の力」は教師に限らず、すべての人に役立つ能力です。

具体的には、まず同じ学年担当の教師の中で親身に相談に乗ってくれる人（「援助資源」といいます）を探しましょう。

学校の多くの活動は学年単位で行われます。同じ学年の教師の中に支えてくれる人がいると働きやすさがまるで違ってきます。

次に、管理職や教務主任、スクールカウンセラーや養護教諭にも力になってくれる人を見つけておきましょう。

かつての同僚、初任者研修のときの同期の仲間、研究会の仲間、私が主宰する「教師を支える会」などのサポートグループ……勤務校の外にも広く目を向けて、力になってくれる人や組織を見つけましょう。

「相談してしまうと、余計にダメな教師と思われてしまう……」と考えて、人に相談はしないようにしている教師も少なくありません。しかし、そんな心配は杞憂です。

困ったときに助けを求めるのは、決して恥ずかしいことではありません。

むしろ、子どもたちにも、これからの困難な時代を生きていくのに必要な能力です。「援助希求の力」のモデルを子どもたちに見せる意味でも、つらいとき、困ったときには、周囲に援助を求めていきましょう。

先生方には「努力と根性の人」が多いので、何かと問題を自分ひとりで抱えがちです。しかし、あらゆる問題を解決できるスーパーマンなど、どこにもいません。

自ら「助けを求める力」をもち、必要な援助を与えてくれる人を自分で探せる力は、これからの教師人生で必須の能力なのです。

たとえば、保護者からのクレームがきたとき。自分が受けたクレームだから自分ひとりでなんとかしなくては、と抱え込んでしまいがちです。クレームがきたということが周囲の先生に知れたら、自分の評価が下がってしまうと危惧する人もいます。

でも実際はどうでしょう。ひとりで抱え込んで問題が大きくなってから、管理職に連絡がいくと、事態はすでに深刻になっています。「なぜもっと早くに言ってくれなかったのですか！」となるわけです。実は評価が下がるのは、この時点です。

クレームがきたことではなく、クレームを抱え込んで対応が遅れたことに対して評価が下がるのです。

クレームがきた時点ですぐに周囲に伝え、助けを求めるのは、できる教師の「能力」のひとつなのです。

管理職のあたたかい声かけで職員室の雰囲気はがらりと変わる

これまでお伝えしてきたように、教師の抱える悩みが、最初は子どもとの関係、保護者との関係などから生まれたものであったとしても、それだけで退職や休職に追い込まれるケースは多くありません。退職や休職の直接のきっかけとなるのは、同僚や管理職との関係の悪化と、それによる教師集団での孤立なのです。

教師集団の中で孤立する先生や、うつで休職する先生が出やすい学校には、ある特徴があります。それは、職員室に「声を出して笑うことがはばかられる雰囲気」があることです。

私はここ20年ほど毎年多くの学校を訪問してきました。いろいろな学校現場に入って感じるのは、管理職が明るく教職員に声かけができている学校は、雰囲気が明るくなる、ということです。**先生方の心の健康が保たれ、モチベーションも高い**のです。

校内研修に行って、最初の10分ほど経つと、その学校の雰囲気が「弱音を吐ける学校」か、「つらくてもひとりで我慢する傾向のある学校」か、すぐにわかります。

一方、管理職が陰気だったり、声かけが少なかったりすると、教職員全体の士気が下がり、じめじめとした雰囲気の職員室になっていきやすいです。

ある中学校の副校長は、常に職員室中ににらみをきかせて見渡していました。「管理」し「監視」していたのです。職員室には、声を出して笑うことができない雰囲気がありました。すぐににらまれるのです。教師間の会話も少なくなって、案の定、うつ病になる先生も出てきました。

その中学校に4月、新しい副校長が異動してきました。

この副校長先生は、いつもふらふらと職員室内を歩きながら、

「佐藤先生、最近どうですか？」

「鈴木先生、あの件どうなりました⁉　それは良かったー」

「高橋先生、この学校には慣れましたか？」

などと、いつも笑顔で先生たちに、なにげない声かけをして歩いていました。

新しい副校長先生が赴任してから1カ月と経たずに、職員室の雰囲気はがらりと変わりました。すると、例のうつ病だった先生も、とたんによくなっていったのです。**教師のうつの7割は、環境要因（職場の人間関係）によるものである**と身をもって学ばされました。

管理職は「人間関係のプロ中のプロ」であれ

管理職が声かけをすることで、先生方も「実は、こういうことがありまして……」と打ち明けやすくなります。「弱音を吐きやすい雰囲気」が生まれます。

「弱音を吐ける職員室」であることが、お互いにお互いを支え合っていける職員室をつくります。

ある小学校の教頭先生には、かつて学級担任だったとき、受け持つクラスが崩壊した経

験があります。うつ病を患い、クリニックに通院していました。

そのとき「もう休職しよう」と思って校長に相談したところ、校長からこう言われたのです。

「親もしっちゃかめっちゃか、子どももしっちゃかめっちゃかな、この時代。一度もうつにかからないのが不思議なくらい。むしろ一生懸命、やっていたら、うつになるのが当たり前。**うつは教師の勲章だよ、君……**」

この言葉が支えになって、教師を続けることができたというのです。

自分がクラス担任だったときのこの経験をもとに、この教頭先生はこう言っているそうです。

「今はこれだけ教育が大変な時代なんだから、10年、20年、30年と教員をしていて、一度や二度、ノイローゼやうつ病にならないほうが不思議なくらいです。だから、みんな抱え込まずに支えあっていきましょう」

自らの学級担任時代のつらい経験に基づいて、管理職になってからは、教師が「助けを求めやすい雰囲気づくり」に努めているのです。

また、ある小学校の校長は、次のように語っていました。

「うちの学校では研究指定校になるとか、各種のコンクールに入賞するとか、そんな高い目標は目指しません。うちの学校が目指すのは、『ひとりの教員も、退職、休職、精神疾患に追い込まれない学校』です」

校長先生がリーダーシップをとって自ら率先して「最近どうなの？」と明るい声で積極的に先生方に声をかけていくといいでしょう。先生方が「この校長は接しやすい人だ」「この校長は話せばわかってくれる人だ」という気持ちになれる雰囲気が望ましいのです。

以前のように「殿様校長」と呼ばれ、いつも校長室にデンと座っているような校長には、今の時代は務まりません。

校長自らが職員室の先生たちに声かけをして、教室に出向いていったりする。そのようなフットワークのいい「声かけのプロ」であることが、今の学校の管理職には求められているのです。

ティーチングからファシリテーションへ

今、「教師の役割」が、世界的に大きく変わりつつあります。

従来の「教科の内容」を「**教えること**」（**ティーチング**）**から**、子ども一人ひとりのもつ「資質」「能力」を最大限に引き出すこと。そのために「**子ども自身の思考のプロセス**」「**子ども同士の対話のプロセス**」**を促進すること**（**ファシリテーション**）**へ**、**教師の役割が大きく変化しつつある**のです。

子ども同士の対話の場面を設けることは、以前から授業の中で取り入れられていました。それが昨今はさらに、学びに対して子どもたちの主体性を育て、能動的に取り組ませる「主体的・対話的で深い学び」（アクティブラーニング）が推進されて本格的に定着しつつあるのです。小学校で２０２０年度（中学２０２１年度、高校２０２２年度実施）に実施される新しい「学習指導要領」の解説では「主体的・対話的で深い学び」の実現が目指されています。

子どもたち自身が考え話し合う中で学習がうまく進んでいくように、教師が「促進者」としての役割を果たすこと。つまり、「ファシリテーター」（促進者）であることが求められているのです。

これからの教育では、**子どもたちが自分で考え、ともに話し合い協力して課題の発見や解決に向けて取り組んでいくプロセスを支え、促進するのが教師の仕事**なのです。

これまで教師の仕事は「ティーチング」、つまり「教えること」でしたが、これからはむしろ**「ファシリテーター=促進者」としての役割が中心**となっていくのです。

ファシリテーターは、単に会を進行していく司会者とは違います。子ども同士の対話の場面で発言をうながし、想定外の子どもの発言もアドリブで授業に活かし、授業を展開していく役割を担っています。

それには、教師自身が授業の課題を真剣に自問自答する必要があります。教師が真剣に考えていない問題を「さあ、みなさん考えてください」と言っても、それでは絶対に伝わりません。

保護者の方もわが子を「自分で考えられる子にしたい」と願うなら、保護者自身も本気で考えて、子どもたちと話し合う習慣をつくることです。たとえば「自分が人生で大切にしたいことは何なのか」を親子で話し合うといいでしょう。

「人生で大切にしたいことは何か」について、パパとママが真剣に話し合っている姿を子どもに見せるのもいいでしょう。

親自身が実践する姿を子どもに見せることが、何よりの教育になります。

コロナの影響で対話型授業は変わるのか

2020年春、新型コロナウイルスの感染拡大が、対話型の授業に与えたダメージは大きなものです。

大学ではほぼすべての授業がオンライン化されました。数百人の学生が受講している私の授業では、オンデマンド型（収録型）の授業を中心にすることを余儀なくされました。テレビ会議システム「Ｚｏｏｍ」でのブレイクアウトセッションを用いた対話型授業は少人数の授業でしかできませんでした。

小中学校でも、子どもたちが近くに集まって、大きな声を出し合っての「密」になりがちな話し合いは歓迎されません。

つまり、コロナ時代に「対話型の授業をするのは難しい」と考えられているのです。せっかく「対話型の授業」が推進されているのにぶち壊しです。

しかし、コロナの影響で本当に対話型の授業はできないのでしょうか。

私は、**コロナがあろうとなかろうと、対話型授業の本質は変わらない**と考えています。「対話型の授業」というと子どもたちがグループに分かれて、大きな声を出して活発に話し合っている姿がイメージしやすいでしょう。

しかしこれは、「他者との対話」に比重を置いた、表面的な対話型の授業についてのイメージです。

子どもたちが大きな声を出し合って、活発に議論するだけが「対話型の授業」ではありません。

「深い対話」の基本に立ち返って考えるならば、むしろ、人と人との深い対話においては、常に必ず「沈黙」が大きな役割を果たしていることがわかります。そこでは「自分自身との深い対話」＝「深い思考」がなされているのです。

「ワークシート」の選定が重要

コロナ時代の対話の授業では、表面上の「他者との対話」にこだわりすぎることなく、むしろ「自己との対話」に比重を置いた授業に転換すべきです。

そのためには、「自己との対話を促進するワークシート」の開発が急務です。ワークシートに書き込む時間をたっぷりと準備すればいいのです。

ワークシートという「自己との対話のツール」＝「考えるツール」を用いた「自己との

対話」の深まりが、「他者との対話」を深め、「他者との対話」の深まりが「自己との対話」を深めていくのです。

このように「自己との対話の深まり」と「他者との対話の深まり」の相互促進的な好循環が生まれるのが、対話型授業の理想形です。

勝負は、良い「ワークシート」＝「思考ツール」の開発です。ピントのずれたワークシートになってしまうと、何の効果ももたらしません。

そのワークシートを作ることで子どもたちの内側にどのような思考を刺激し、引き起こしたいのか。そのことを教師自身がはっきり自覚しておくことが、何より重要なのです。

ある中学校の道徳の授業で、秀逸なワークシートに出会いましたので、ご紹介しましょう。千葉県船橋市の中学校教員、尾花桃代先生が作成された「同心円チャート」です（『考えるツール＆議論するツールでつくる 中学校道徳の新授業プラン』諸富祥彦・土田雄一松田憲子・編著　明治図書出版より）。

思考を刺激し活性化させるためのツール

尾花先生の授業の大きな特徴のひとつは「思考を刺激し活性化させるためのツール」（思

「同心円チャート」の例

テーマ例「人はなぜ働くのか」

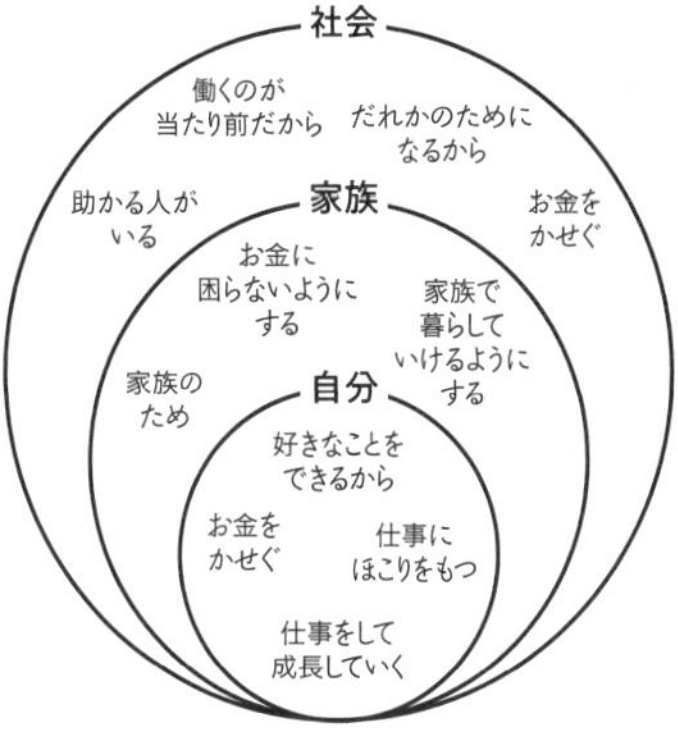

考ツール）として、「同心円チャート」を用いている点です。

授業の事前と振り返りで、この同心円チャートを使用して、**「人はなぜ働くのか」というテーマについて、「自分・家族・社会」と広がりのある3つの視点**で考えさせています。それぞれの視点で考えたあと、全体を見て考えることによって、共通点や相違点、関係性に気づくことができるようになっています。

最初は「働くのは、自分のため」「お金のため」「生活費を稼ぐため」と考えていた生徒も、このワークシートに記入することで、思考を促進され、新たな気づきを得ることができています。

自分の資質・能力を活かして働き、家族の生活費を稼ぐことは、決して自分たちだけのための、利己的な行為ではなく、同時にそれは「社会のため」「共同体のため」に意味ある行為になります。ワークシートに書き込んでいくプロセスで、生徒は自ずとこのことに気づいていったのです。

「自分のため」「家族のため」「社会のため」の3つが構成するこの同心円の構造は、人が日々働き、生きていくという営みの本質をなすものです。

このことに気づいてもらうために、教師は特段の努力や工夫を行う必要はありません。**ただこのワークシートに記入するだけで、人間が生きていく上でとても大切な気づきが得られるようになっている**のです。このワークシートの構造そのものが、このような気づきへと誘《いざな》っていくようにできているのです。

読み物資料を使った授業に応用したい場合には、話し合いの前にまず、同心円チャート（ワークシート）に記入してから、考える時間を設定することで「自分との対話」の時間をしっかりもつことができるでしょう。

道徳の授業が「特別の教科」として生まれ変わった！

長く教科外活動として行われてきた道徳の授業が、小学校で2018年度から、中学校で2019年度から「特別の教科」として再スタートしました。

それまでの道徳の扱いは、中途半端なものでした。教科でも特別活動でもない特別な枠で行われていました。教科ではないので教科書もなく、評価もありませんでした。

けれども、道徳が教科になった今、担任は必ず教えなければなりません。

道徳を学ぶことは現代社会を生きていく上で大きな意味をもっています。

寛容さや他者の立場に立つことは、多文化共生時代にすべての人に必要な視点です。たとえば、LGBTのテーマひとつとってもそうです。現代社会には「道徳的問題」が山積みです。

「道徳」というと、「親切」「友情」などを教え込む、というイメージが強い方もいるでしょう。

しかし、**新しい「道徳」で行われているのは、そんな「教え込み」ではありません。子ども自身が「考え議論する」新しいやり方で学級担任が教えていく**のです。ここでも「ティーチング」ではなく、「ファシリテーション」の力が求められているのです。

しかし、ここでいくつかの困難が生じます。

これまで道徳をあまり熱心にやってこなかった先生は教え方がわからないかもしれません。読み物を読み聞かせて、登場人物の気持ちを考えさせる「旧来通りの授業でいいのだ」というのでもありません。

子どもたちが自分で「考え議論する」授業をしなくてはならないのです。

問題解決型の道徳授業で「モラルスキル・トレーニング」

道徳が新しく教科化されるにあたり、新しいタイプの授業が推し進められています。

そのひとつが、問題解決型の道徳授業です。

たとえば、「お年寄りに親切にしたほうがいい」ということは、子どもたちでも、すでにわかっていることです。

電車でシートに座っていると、目の前にお年寄りが立っています。多くの子どもは「代わってあげたいな」と思いますが、実際に席を代わる行動に出られる子どもは少ないのです。

「年寄り扱いするのか！」と逆ギレされたり、逆に「いい子ね、どこに住んでいるの？」などとかまわれたりしたら嫌だ。だから「席を譲ったらダッシュで隣の車両に移ろう……」

などと、しつこく考えているうちに、結局、気づかないふりをしてやり過ごしてしまうというケースはけっこうありがちです。

気持ちはあっても、行動に移せる子どもが少ないのです。そこで、問題解決型の授業が提案されています。たとえば、次のような場面設定が資料で提示されます。

> 小5のまさおくんは、電車で席に座っています。目の前におばあちゃんが立っていて、ヨロヨロしています。席を代わってあげたいと思いますが、なかなか勇気が出ずに代わってあげることができません。隣に座っていた高校生の男子がおばあちゃんに気づき、「どうぞ」と笑顔で代わりました。おばあちゃんは笑顔で「ありがとう」と言って、座りました。まさおくんは「どうして僕は席を代われなかったんだろう」と自分を責めています。

そのひとつのタイプの提案が、**モラルスキル・トレーニング**です。

この場面についてクラスの子ども全員が3人1組になってロールプレイします。①電車のシートに座っている小5の男の子（まさお）の役、②高校生の役、③お年寄りの役を演じます。高校生役の子は「どうぞ」と笑顔で言って、さっとお年寄りに席を譲ります。まさお役の子は、席を譲りたいが迷って行動に移せなかった気持ちを疑似体験します。これを3人が交代で体験します。

その後、実際にどうすればいいのかをグループで話し合い、次にクラスでも話し合います。どんな気持ちになったかだけに留めるのではなく、3人グループで「できること」を話し合います。

多くの子どもは「まずお年寄りに聞いてみる」と考えます。「もしよかったら代わりましょうか?」と聞いてみる。「代わったあとその場にいるのが恥ずかしいなら、ゆっくりと隣の車両に移動する」などの案が出てくるでしょう。

「できること」が見つかったら、また3人1組になってロールプレイをします。

従来型の「読み物資料」を使って、多視点的に物事を見る力を養う

問題解決型の道徳授業は、従来の道徳教材を活用してもできます。

『泣いた赤鬼』(浜田廣介・著)は有名なお話です。友達の赤鬼が村人に好かれるようにと、青鬼がわざと村人を怖がらせるという物語です。人間を助けた赤鬼は村人と仲良くなりましたが、青鬼は赤鬼のもとを去っていきます。自分とつき合っていると、赤鬼が悪い鬼だ

と思われてしまうからです。

従来の道徳の授業では、赤鬼と青鬼の「気持ちを考えさせる」スタイルが中心でした。

でも考えてみてください。赤鬼のために村人を怖がらせた青鬼の行動は、果たして道徳的といえるでしょうか。困っているものへの自己犠牲も大切な価値観には違いありません。しかし、青鬼は友人の赤鬼を失い、寂しく暮らすことになります。赤鬼だっていつまでも罪悪感をもち続けるのではないでしょうか。

本来の道徳とは「みんなが幸せになるために、何ができるか」を考えるものでしょう。「気持ち」について話し合わせる代わりに、「人間と赤鬼が仲良くするために青鬼には**何ができるか**」を考えさせて話し合うのもいいでしょう。「農作業を手伝う」「力仕事を手伝う」などさまざまなアイデアが出されるでしょう。

人間と鬼、お互いの生き方をリスペクトし合って共存するにはどうすればいいか、選択肢を話し合うのです。こうすれば、**異なった立場の者同士が共存し、全員の幸福のために何ができるかを考える道徳の授業**ができるのです。

今、社会はさまざまな分断が問題となっています。貧富の格差が広がっています。たとえば、保育園や介護施設をつくろうとすると、地域住民が反対するなど、地域や世代の分断が見られます。

こうした時代だからこそ、**異なる立場の者同士がさまざまな人の立場に立ち、「自分には何ができるか」を探るそんな多視点的に物事を考える力**が問われるのです。

道徳の授業の醍醐味とは

道徳が教科化される前から、私は全国のさまざまな地域の教育センターなどで、「道徳」の授業のつくり方に関する研修を担当してきました。

その折に、いつも繰り返し、お伝えしてきたことがあります。

「問題解決型の授業」――「子どもが自分と対話し（考え）、子ども同士で対話する」対話型の授業、アクティブラーニングの道徳の授業もよい。

けれど、年に1回でも2回でもいい、**教師が自分の全存在をかけて自分の思い、「自分の人生で一番大切なこと」を子どもたちに語り伝える、そんな直球勝負型の道徳授業もしてほしい**、ということです。

できれば一学期に一度、それが無理ならば1年に一度でもけっこうです。

教師が自分のこれまでの人生を振り返って、「これだけは、どうしても伝えておきたい」「このことだけは、子どもたちに、何がなんでも伝えたい」と思うことを真剣に伝えていただきたいのです。

私は、**道徳の授業の醍醐味は、教師が真剣に、自分の思いを伝えることができる点にある**と思っています。

「人生で、本当に大切なことはこれなんだ」――教師のそんな思いを、最もストレートに、かつ真剣に伝えることができるのが「道徳」の時間です。

学校のさまざまな教育課程（各教科、総合的学習、特別活動など）の中で、人間としての「生き方」を「直接に」教えることができる唯一の時間が、道徳の時間なのです。

たとえば、国語の時間でも、国語の学習を通じて、扱う教材の内容を通じて、子どもたちに「生き方」を教えることはできます。その教材の内容が深く、感動的な内容であれば、子どもたちは「人生の大切なこと」を学んでいくでしょう。

しかし、それはあくまで「間接的な」教え方です。

道徳は、もっと直接的にストレートに、子どもの心に、生き方に、ダイレクトに働きかけていくことができます。

道徳の授業は、子どもの人格形成にストレートに影響を与えることのできる、学校教育の中で唯一の明確な時間枠なのです。

子どもの心が打ち震える「本物の道徳の授業」を！

教師が「自分が人生で一番大切だと思っていること」「子どもたちにこれこそ伝えたい、伝えるべきだと思っている内容」が、自分自身で明らかになってきたとしましょう。

次に、どの資料で、どのような指導方法で、どのような工夫をすれば、それを確実に子どもたちに伝えることができるかを徹底的に考えましょう。

指導案はあとから作成するのでもけっこうです。

そのような具体的な形にする前に、まず自分自身の中で、「何をどう伝えたいのか」徹底的に考え抜くのです。

年に1、2回しかない「勝負をかけた授業」なのです。何をどう使えば、それが子どもたちに伝わるかを、繰り返し繰り返し、自問しましょう。

「この読み物資料に、どうしてもこだわりたい」

「この映像資料を、どうしても見せたい」

「この新聞記事から、今何が一番問題なのかを考えさせたい」

「この1枚の写真から、どのような現実が透けて見えるかを伝えたい」

いずれの方法でもかまいません。

資料がなくても結構です。

「先生の小学校5年生のときの体験なんだけど……」

「先生が中学生のときに教わった担任の先生の話なんだけど……」

自分自身の体験を、ただ心を込めて語り伝えるだけでもいいのです。

どうしても「この資料でこんな思いを伝えたい」。そんな資料を、心を込めて、ただゆっくりと読み聞かせ、そこで感じ取ったことを書かせたり、話し合わせたりするだけでもかまいません。授業の技術の問題ではないのです。

教師が「本当に伝えたいこと」「伝えるべき中身」を、心を込めて語り、伝えると、子どもたちの心は打ち震え始めるはずです。

心に「響く」に留まらない。魂が打ち震える授業です。

「なんだか今日の先生は違うぞ」

「今日の先生は本気だな」

「今日の先生は何か大切なことを本気で伝えようとしてくれている……」

そんな授業をしてほしいのです。扱う価値項目は、思いやりであっても、友情であっても、生命尊重であっても、家族愛であっても、けっこうです。

子どもたちの中に、

「なんだかよくわからないけど、今日の道徳では、すごく大切なことを先生から聞いた」

「生きていく上で本当に大切なことを教わった気がする……」

そんな感覚が残るのが、本物の道徳授業です。

教師としての誇りを取り戻そう

そう言われると、読者の中にはこのように思われた方もいるかもしれません。

「そんな子どもたちの一生に影響を与えるような授業は、私にはできない」

「子どもの心が打ち震えるような授業なんて、私にはできない」

そんな方には厳しいようですが、自分自身に問いかけてほしいのです。

一体、何のために教師になったのか、と。

教師は子どもの一生に影響を与えずにはいられない仕事です。

あなたはそんな仕事を選び取ったのです。

もしあなたが教師になっていなければ、今あなたのクラスにいる子どもたちは別の教師と出会うことができたかもしれないのです。

大丈夫です。

きっと何か見つかります。

あなたはすでに教師なのですから。

教師としての誇りを取り戻しましょう。

教師は「魂でする仕事」

私が主宰する「教師を支える会」を訪ねてくださった先生方の中には、保護者からのクレーム、同僚からのいじめなどで苦しまれた先生もおられます。また問題に直面してもほかの先生や管理職が助けてくれず、残念ながら教職を去っていった方もいます。

辞めたあとに教師を支える会を訪ねて、こうおっしゃる方もいます。

「実は私、教師を辞めたことを後悔しています。つらかったことが多いのに、あの頃はよかったなんて、思い出しては涙ぐむこともあるんです。子どもの成長を見守れる教師ほど、やりがいのある仕事はなかったなって……」

私はよく、**教師は「魂でする仕事」**だと申し上げています。それほど打ち込める仕事があるのはとても素晴らしいことです。

多くの人は、晩年に人生を振り返ったときに「うちの子は、うちの孫は……」と家庭や私生活について語るそうです。

けれども、ライフレビュー・インタビュー（死期の迫った末期がんの高齢者に自分の人生を振り返ってもらうインタビュー）を受けた**80代の元教員の方は、教え子のことばかりを語る**というのです。

教師人生は、それだけ多くの思い出を残すことができる仕事なのでしょう。

もしも、この本を読んでいる先生が、今はつらいと感じていても、できるならば教師を辞めないでいただきたいのです。また笑顔で子どもたちと接することができるようになる日が、きっと来るはずですから。

「できる教師の資質」を6つ厳選

この章の最後に、今どういう力をもった教師が必要とされているのか、「本当にできる教師に必要な資質」を厳選して6つ紹介します。

1　リレーションづくりの能力

相手を選ばず、どの子とも、どの保護者とも、どの同僚とも、すぐにパッとリレーションをつくることができる――これが「対人援助職」のひとつである教師の最もベーシックな資質・能力（コンピテンシー）のひとつです。

2　人間関係のプロ

子ども、保護者、同僚、管理職など、教師は相手を選べません。また、ほかの教師と協力しながら、チーム支援をする必要もあります。

教師の仕事は、常になんらかの「人との関係（人間関係）の中で」行われる仕事です。

さまざまなタイプの子ども、保護者や同僚と①相手を選ばず、②短時間で、可能な限りスッと関係をつくることのできる力が必要です。

3　対話型の授業ができること

子ども自身が主体的に考えるプロセス、子ども同士で対話していくプロセスを促進する力が教師には必要です。

これまで教師の仕事は、教科の内容を上手に教える「ティーチング」が主でした。これからはむしろ「子どもの思考と対話のプロセス」を支え、促進していく「ファシリテーター」としての役割が中心となっていきます。

4　少数派の子どもに徹底的に寄り添うことができる

いじめの被害者、不登校の子、発達や愛着の問題を抱えた子、ＬＧＢＴの子ども……そんな**少数派の子どもたちに徹底的に寄り添うことができること、徹底して少数者の視点に立ち続けられることが、教師としての最も大事な資質**のひとつです。多数派視点の先生たちと対立することもいとわない。そんな教師こそ本物です。

5　教師であることの使命感と情熱（ミッションとパッション）

教師になる人には、強い「使命感と情熱」（ミッションとパッション）が必要です。教師は、子どもたちの人生に大きな影響を与える仕事だからです。

せっかく教師になったのです。

「自分が人生で一番大切だと思っていること」「子どもたちにこれだけは伝えたいという

こと」を、ぜひ心をこめて伝えてほしいと思います。

6　援助希求力

今は教師にとって相当に困難な時代です。これから10年、20年、30年と教師を続けていくためには、問題に直面したときは自分だけでなんとかしようとは思わずに、周囲の人に援助を求める力が必要です。日頃からアンテナを張って援助を求めることができる相手（援助資源＝リソース）を探しておきましょう。

「いざとなったら助けてくれる人」の存在こそが、長い教師人生を送っていく上での命綱（ライフライン）となります。

おわりに

「本当にいい教師」とは、どんな教師でしょうか。

たとえば、神戸市東須磨小学校にも在籍していた、一見、有能な先生に見える、周囲や管理職から評価されやすいだけの先生。

対して、クラスの中で孤立して苦しんでいる子どもを支えることのできる「本当にいい教師」。

いったいどこが違うのでしょうか。それが、本書執筆中に私の念頭にあった問いでした。結論。私がこれまで出会ってきた「本当にいい教師」には、次の4つの点が際立っていました。

①どの子どもとも、瞬時にして、ふれあいの関係を積極的につくることができる。相手を選ばず、どの子どもともパッと瞬時に関係をつくることができる。

その意味で、**人間関係のプロ**である。

子どもの話に十分に耳を傾け、その気持ちに寄り添うことができる。

常に子どもを信頼し、期待しているから、子どもも教師のその期待と信頼に応えようとして自分の力を伸ばしていくことができる。そんな「関係づくり」の名手である。

②その「関係づくり」の力を、個と個の関係にとどまらず、「ルールとふれあい」のある活気に満ちた学級づくり、対話のある授業づくり、子どもの思考と対話の促進（ファシリテーション）へと展開できる。

③不登校の子、いじめられている子、発達や愛着の問題を抱えた子、ＬＧＢＴの子……常に、こうした「少数派の子ども、少数者の視点に、徹底的に立つことができる」「そうした人に寄り添い、守ることができる」。

そうした弱い立場に置かれた少数派の子ども、たとえば教室に入れないけれども少しでも学校に通おうとして、別室に週に1時間だけ通ってくる子どもたちを守ることができる。そのためには、ほかの教師と対決することもいとわない。

その子が何度もくじけそうになり、教師の期待に応えられなくても、「**決して切らない。見捨てない**」――この姿勢を一貫して、とり続けることができる。

④教師としての自分を支える強い使命感と情熱をもっている。

この仕事は「子ども一人ひとりの人生に大きな影響を与えうる特別な仕事である」という自覚があり、**人生を捧げるに値する仕事**だと思っている。**教師としてのミッションとパッション**に満ちあふれている。

「一見周囲や管理職から〝できる教師〟と評価されやすいだけの教師」と「たとえ管理職の評価は得にくくとも、本当の意味で子どもたち一人ひとりを守ることのできる、真の意味でいい教師」――両者を比べたときにとりわけ際立つのは、**③の「少数者の立場に徹底的に立つことができる」**という特徴です。

周囲や管理職にすぐに評価されやすい教師の多くは、**多数派の評価になびきやすい教師です**。いわば職員室や教室の「空気」を読むのに長けた教師です。その結果自ずと、職員室で力をもっている教師のお気に入りの存在となり、出世コースに乗りやすくなります。

その感性は教室でも同様で、クラスのリーダー格の子どもとの関係を優先視しがちです。

一方、不登校傾向の子、いじめられている子、LGBTの子、といった少数派の子どもとのかかわりは、どちらかといえば手間のかかる面倒なこととして、軽視されがちです。

しかし、私がこれまで出会った「**本当にいい教師**」**はみな、こうした少数派の子どもたちから、絶大なる信頼を得ていました。**

「私は、あの先生がいなかったら、学校に来られなくなっていたと思います」

「僕は、あの先生がいたから、救われました。こんな僕のことも見捨てず、信頼してくれたんです。だから僕は、自分の未来も信じることができるようになりました」

そう言うのです。

スクールカウンセラーをしている私のもとには、そんな子どもたちからの「真実の言葉」が届けられます。私は、子どもたちの言葉から「本当の意味で優れた教師とは、どんな教師か」を知ることができたのです。

私が出会ってきた「**本当にいい教師**」**は、常に弱者の味方、少数者の味方**でした。

職員室では、孤立しがちでうつ傾向のある同僚の味方でした。

教室では、不登校の子ども、いじめられている子ども、発達障害の子、ＬＧＢＴの子……こういった少数派の子どもたちの視点に繰り返し繰り返し、徹底的に立ち続けました。

よくあるのは、たとえばこういう場面です。

不登校だった子どもが、なんとか学校に行き始めた。けれども教室には入れない。何日か、おそるおそる別室に行ってみた。当の本人にとっては、命がけの行為です。表面的には、その子は、なんとか笑顔を繕っています。

これを見た心なき教師たちは、表面的な理解しかできずに「なんだもう元気じゃないか。だったらさっさと教室に行けよ」などと言ってしまいがちです。その一言のためにプレッシャーに押しつぶされ、学校そのものに来られなくなってしまう子どももいます。

にもかかわらず、そこで「教室に入れないやつは、学校に来る必要なんかないんだ」などと心ない一言をつぶやくのです。

そんな教師をこれまで何度も見てきました。本当にがっかりします。あくまで多数派の立場にしか立てない先生です。

ほかにもこんな場面があります。

個別の支援を必要とする発達の偏りがある子ども、たとえば板書を写せない子どもにも「とにかく、みんなと同じにしなさい。特別扱いは一切認めません」としか言わない。

ＬＧＢＴの子どもにも「校則だから」と男子らしい、女子らしい服装や髪型を強要し続ける。

その子が追いつめられても、意に介さないのです。「ほかの子と同じにできないその子が悪い」で終わりです。

一方、本当に優れた教師は、少数者の立場に徹底的に立ち続けることができます。なんとか命がけで別室に登校している。そんな子どもたちの立場に寄り添うことができます。性急に教室に戻そうとはしません。

「今なら教室に戻れる」「無理なく戻れる」というその瞬間が来るのをずっと「待つ」ことができるのです。

不登校の子ども、発達や愛着の問題を抱えた子ども、LGBTの子ども、こうした少数派の子どもを守るためには、ほかの教師集団や管理職と対峙するのもいといません。

本書で私は、これまで出会ってきたそんな教師たち――単に周囲の同僚や管理職の評価が良い教師ではなく、否、必要であれば、周囲や管理職と対峙してでも、「少数派の子どもを守ることができる教師たち。そうした子どもたちを「決して切らない、見捨てない」態度を貫くことができる魂の教師たち――のことを書こうと思いました。

そうした教師たちと最も多く出会えてきたのは、カウンセリングの研修の場でした。

私の主宰する「気づきと学びの心理学研究会　アウエアネス」[※1]にも、そんな教師たちが

　※1 アウエアネス　https://morotomi.net/

集って、お互いに深い交流を行っています。サポートグループ「教師を支える会」[※2]（日程等は明治大学心理臨床センターのホームページを参照のこと）でも、多くの教師たちの「魂の告白」とでも言うべき話を聞かせていただきました。

先生方との出会いに感謝します。

さて、今、学校は、大きな曲がり角に来ています。

大きな変化を経なければ、とうてい生き残れない時期にさしかかっています。

コロナで子どもたちは、突然「全員、強制的不登校状態」とでも言うべき状態に置かれました。学校に来る意欲の有無にかかわらず、ステイホームを余儀なくされたわけです。

問題になったのは、「**学校に来ない状態の子どもたちに、どうやって学習の機会を提供するか**」ということでした。私立の学校にはオンライン授業で大きな成果をあげた学校も少なくありません。

そこで問われるのは、子どもたちが学びを続けていく上で「同じ年齢の子どもたちが、集団で同じ時刻に学校に通い、一斉に授業を受ける」ということは、本当に必要なことなのか、という問いです。

※2 教師を支える会　https://sasaeru.jimdofree.com/

今、多くのビジネスパーソンが在宅勤務を続ける中で、「毎日通勤電車に揺られて会社に通うことに、果たして意味があるのか」と疑い始めています。このまま、在宅勤務を大幅に取り入れる企業も増えることでしょう。

すると、社会の常識が変わります。

社会の常識が変われば、学校も同様の変化の力にさらされます。

「家で学習ができるのならば、学校に足を運ぶことが果たして本当に必要なのか」

これから問い直されていくことになるでしょう。

教科の勉強のことだけをいうならば、オンラインの通信授業のほうが、一人ひとりの進度に合わせられます（学びのユニバーサル・デザイン）。いわゆる落ちこぼれの子、勉強ができない子は、オンラインのほうが生まれにくいのです。

そもそも、授業の内容が全くわからない子も、同じ年齢だというだけで同じ教室にいて、全く理解できないまま同じ授業を受け続けざるをえない、というこの現状のほうが、不可思議です。わからない授業をじっと受け続けさせられる子どもの「学習性無力感」は絶望的なまでに高まります。

オンライン教育の流れは、間違いなく世界的に加速していきます。

日本においてもホームエデュケーションの流れが加速し、学校に通わないこと（不登校）が全く問題とみなされないときが、そう遠くない未来にやってくるかもしれません。すると**不登校の子は、「学校に通えない子」ではなく、「在宅学習を選択した子」**になるのです。

学校には、ほかにも不可思議なことがたくさんあります。校則の多くは、あと数年で還暦を迎える私の中学高校時代（45年ほど前）とあまり変わりません。ＬＧＢＴの子どもにも「校則だから」と男子らしい、女子らしい服装や髪型を求めます。

今の学校では、こうした、外の社会では人権無視のハラスメントと受け取られかねない指導が、いくつも行われています。

大学生と話をしていると、「学校には何のためにやっているのか、不可思議なことが多すぎる」と言います。社会に出たら一度もやらないのに、学校でだけ求められることが多すぎます。みな、ほとほと嫌気がさしています。

一般社会と学校での指導の乖離《かいり》が、あまりにも大きくなっています。

個々の教師は熱心で力があります。しかし、制度そのものに無理が多すぎるのです。

今の学校は、そろそろ本当に大きく変わらざるをえないところにさしかかっているように、私には見えます。制度疲労を起こしているのです。

コロナが起こらなくても20年後にはやってきたであろう未来が、一気に前倒しして、日本の学校教育にやってくるのではないか。私はそう思います。

多くの点で硬直したままの日本の学校は、これからの10年間で大きな変化を余儀なくされることでしょう。

そこには、大きな「生みの苦しみ」が伴います。

けれども大丈夫。

日本の教師には、本当にいい教師がいることを、私は知っています。

先生方なら、きっとできます！

私は、信頼しています。

明治大学教授　諸富祥彦

●本書で紹介した心理学の方法は、次の研究会で体験的に学ぶことができます。どなたでも参加可能です。
私のホームページ（https://morotomi.net/）で内容をご確認の上、お申し込みください。
〒101-8301　東京都千代田区神田駿河台1-1　明治大学文学部14号館6階B611　諸富研究室内
「気づきと学びの心理学研究会」事務局
問い合わせ・申し込み先　メール：awareness@morotomi.net
FAX：03-6893-6701

著者略歴

諸富祥彦（もろとみ・よしひこ）

◎1963年、福岡県生まれ。筑波大学人間学類、同大学院博士課程修了。千葉大学教育学部講師、助教授を経て、現在、明治大学文学部教授。教育学博士。
◎臨床心理士、公認心理師、上級教育カウンセラーなどの資格を持つ。現場教師の作戦参謀。「教師を支える会」代表。
◎著書に『教師の悩み』（ワニブックスPLUS新書）、『教師の資質』（朝日新書）、『プロカウンセラー諸富祥彦の教師の悩み解決塾』（教育開発研究所）、『孤独の達人』（ＰＨＰ新書）、『男の子の育て方』『女の子の育て方』（ともにWAVE出版）、『図とイラストですぐわかる教師が使えるカウンセリングテクニック80』『教師の悩みとメンタルヘルス』『教室に正義を!』（いずれも図書文化社）など多数。

https://morotomi.net/

SB新書　521

いい教師《きょうし》の条件《じょうけん》
いい先生《せんせい》、ダメな先生《せんせい》はここが違《ちが》う

2020年10月15日　初版第1刷発行
2021年８月２日　初版第4刷発行

著　者　諸富 祥彦

発行者　小川 淳
発行所　SBクリエイティブ株式会社
〒106-0032　東京都港区六本木2-4-5
電話：03-5549-1201（営業部）

装　幀　長坂勇司（nagasaka design）
組　版　ごぼうデザイン事務所
編集担当　中本智子
印刷・製本　大日本印刷株式会社

本書をお読みになったご意見・ご感想を下記URL、
または左記QRコードよりお寄せください。

https://isbn2.sbcr.jp/04431/

落丁本、乱丁本は小社営業部にてお取り替えいたします。定価はカバーに記載されております。本書の内容に関するご質問等は、小社学芸書籍編集部まで必ず書面にてご連絡いただきますようお願いいたします。

ISBN 978-4-8156-0443-1